空性之舞

Emptiness Dancing

[美]阿迪亚香提 著
李思坤 译

華夏出版社
HUAXIA PUBLISHING HOUSE

图书在版编目（CIP）数据

空性之舞 / （美）阿迪亚香提著；李思坤译. --北京：华夏出版社, 2015.2（2024.10重印）

书名原文: Emptiness Dancing

ISBN 978-7-5080-8389-6

Ⅰ.①空… Ⅱ.①美… ②李… Ⅲ.①人生哲学－通俗读物 Ⅳ.①B821-49

中国版本图书馆CIP数据核字(2015)第012375号

北京市版权局著作权登记号：图字 01-2011-3287

空性之舞

作　　者	[美]阿迪亚香提
译　　者	李思坤
责任编辑	王占刚　陈　迪
出版发行	华夏出版社有限公司
经　　销	新华书店
印　　刷	三河市少明印务有限公司
装　　订	三河市少明印务有限公司
版　　次	2015年2月北京第1版　2024年10月北京第6次印刷
开　　本	710×1000　1/16
印　　张	15.25
字　　数	164千字
定　　价	39.00元

华夏出版社有限公司
网址:www.hxph.com.cn　地址：北京市东直门外香河园北里4号 邮编：100028
若发现本版图书有印装质量问题，请与我社营销中心联系调换。电话:（010）64663331（转）

户有着它独特的味道：纯粹、幽默、简单。读他这本《空性之舞》，越到后来，越是令人心生欢喜。如果不是真正地活在真理当中，是不可能对实相世界有着如此细致的描述的，而如果不是经过多年的实修与实证，也是不可能将成长道路上所能遇到的种种问题条分缕析得如此清晰的。它的存在既是分享，也是唤醒。在这个灵性觉醒的时代，来自阿迪亚香提的教导是如此的宝贵，正如真理的品质一样，它们是超越时空的。

这本书从讨论“觉醒”开始，阐述了觉醒后的诸多品质，包括：敞开、纯真、谐调、自由，等等，对于人们在觉醒道路上所能够遇到的诸多问题，如小我、灵性瘾症、幻相、控制等，提出了非常切实可行的建议与深刻的洞见。你可以选择从头到尾依次阅读，也可以随便从中翻开一页而进入，因为，他的每一句话都与你有关，你内在早已经有一个闪亮的核心等在那里，它会与那些文字自然产生强烈的共鸣。

虽然阿迪亚香提强调实修的重要，但他也承认书本在一个人成长过程中的重要性。虽然，我们绝对不可能通过读书而证悟真理，但是，一本合适的书却是具有能量上的传导力的。同样的真理，你怎么表述以及由什么人来表述，是有不同的穿透力的。一个真正了悟真理的人，他的语言总能携带着那个来自宇宙最深处的振动，总是带着真理的芬芳。你只要有一点点的敏感，就能感觉到它，并且，你的头脑、心及存在也将与之共舞。

李思坤

2011年6月9日

译者序

显然，阿迪亚香提是颗“鸡蛋”——外面是白的，里面是黄的。他作为西方人的身份未能隐藏他内在的东方品质。他被人称为后禅宗的导师，他的教导简单、直接而清晰，直指人心，他深得禅宗真味，但是，如这个时代的很多启蒙者一样，他的灵魂选择出生在美国的加州——这个灵性觉醒新时代运动的诞生地，或许这个选择也是颇具意味的，他因此能将西方现代心理学的语汇融入自己的体验及教导当中。

阿迪亚香提19岁时开始了对“开悟”以及“真理”的探索，二十几岁的时候有了第一次开悟的体验，对自己的真实本性有了一个瞥见。而他没有停止向内探索的脚步。在15年密集的禅修之后，他经验到了最终的开悟，进入了完全无我的自由境界。每一个开悟的导师都是开向真理的一个窗户，阿迪亚香提这扇窗

推荐序

在真正和谐的人生里，融洽的不仅是你与周围人之间的关系，更是你与自然、宇宙的关联。做如是实相的爱人，尽管对此刻的你来讲还很陌生，但这却是活出最有能量的自然人的正途，也是阿迪亚香提——这位后禅宗大师——要奉献给你的真知。

身心灵作家

张德芬

目录

带着爱，仅以此书献给我的父母

拉里和卡萝尔·格雷

感谢你们教会我如何欢笑

简介

爱的流动不带任何的谋划
它只是流动，因为那是它的天性——流动。

灵性导师阿迪亚香提的这些话语表达了他与他的学生们相遇时的本质，在那些每周的聚会、周末密集的研讨会以及禁语闭关中，他如此谈及灵性觉醒的本性。这本书是对这些精辟谈话的采集与节选，因为它们对于他的学生而言是很重要的，代表着一个持续而有意义的主题。

“我所做的事情的用意，以及我在这里所带给你们的用意，是让你们对自己是谁有一个直接的经验。”阿迪亚香提说，“如果你不知道自己是什么，你如何能够领悟什么是开悟呢？”在他独特的对真理与自由的传导中，他提供了引领学生们去探索的路标，以期实现他们真实的本性。

关于阿迪亚香提

阿迪亚香提1962年出生于美国加利福尼亚州的丘珀蒂诺——位于旧金山湾区的一个小城市，家人给他取名叫史蒂芬·加里。从他所分享的一些故事中，我们可以清楚地了解到，他十分享受他的童年生活，也十分热爱他那丰富多彩的大家庭，其中包括他的两个姐妹、四位祖父母以及其他各种各样的亲戚，当他们来家里玩的时候，其中的一个祖父喜欢给他和他的堂兄堂妹们做美国土著人的舞蹈祝福。在他是个少年以及年轻人的时候，他喜欢自行车赛，但是当他19岁的时候，他在一本书上看到了“开悟”这个词，而这给他带来了想要了解终极真理的渴望。他开始接受两位老师的训练，阿维·尤斯蒂——前角博雄老师的门徒，以及孔威廉老师——铃木老师的门徒。

阿迪亚香提密集地进行禅修近15年时间，而据他说，在最终经历一系列深刻地自己真实本性的实现，并体验到消解自己对任何个人身份的执著之前，他曾几近绝望。1996年，他被自己的老师阿维·尤斯蒂邀请去讲法。几年之内，从一开始的非常小的团体的聚会变成了每周向几百个学生传法。法（Dhama）这个词在佛教中用于表达终极真理——是所有物质及精神现象的起因，也是所有众生真实灵性的天命。讲法，是指由一个活在真理中，并且清晰地经历了自我实现的人来传授真理，而此人已经由佛陀以及之后的老师所认可。

阿迪亚（如他的学生所称呼的），一个清瘦而优雅的男子，理着短发，他有一种温暖的临在[1]，以及巨大无比的联结与清明的天赋。学生们发现，当他用他那双几近透明的淡蓝色的大眼睛定定地盯着你时，常常会使你的头脑得到解放，并且好像要穿透人的心灵。阿迪亚的教学风格是要用心去感觉的，它很直接，完全没有禅宗的生涩术语，充满了对终极真理的指引。从他的第一次教学以来，他的许多学生通过他的教导以及他在课程及闭关的萨尚[2]（satsang）中的启示，已经体验到了觉醒。

一位非凡的老师

阿迪亚传法的风格（如人们所知的萨尚）被人拿来与某些中国早期的禅师，以及印度的阿德伟达吠陀（不二论）相提并论。他与最近的阿德吠陀圣者，尼萨伽达塔・马哈拉吉[3]以及其他在东西方传统中觉醒的导师们有着很大的相似性。尽管他带领的闭关也是一个混合着静心、开示，以及与学生之间的对话，但他觉醒的方法却不是基于如何发展一些灵性的练习，而更多的是针对个人身份的解除及消解。

就像他的很多学生都有过的体验一样，我在阿迪亚香提的临

1　英文中的presence，它的原意是指“到场”、“光临”，在灵性的语境中，它常用来指某个人的处在当下的一种状态，以及由此而带来的一个能量场域，有时它也是真理或神性的代名词——译者注。

2　萨尚经常用来表示求道者与了悟真理的大师在一起，或指他们听他讲话的意思，类似佛学中所说的“开示”——译者注。

3　生于1897年，卒于1981年，印度著名的灵性导师，不二论的哲学家及伟大的上师。

在里体验过一次强烈的觉醒，尽管在我们相遇的几年前，我就已经放弃了那个概念以及对一个老师的寻找。那时候，我发现，一个老师/指导如何为那充斥着嘈杂之音的头脑指明出口，并且直接将心朝向爱与闪亮的空性敞开，这份空性就是存在的肇因。

这是一个非凡的、深刻的和无法言传的体验，它消除了所有对未来的灵性追寻的兴趣，并且将那些知道它的人与内在无以复加的简单、安静与敞开的空间相联结。在许多种东方的灵性传统中，我曾经是一位很认真的学生，同时，我也是那些走在这个灵性成长过程中的人的老师和治疗师，但是，在我发现这位老师之前，我还从来没有清晰地看到过如此非凡的师生关系的力量，这位老师让我有着深深的共鸣。对于这次幸运的相会，我无比感恩。

关于灵性实现的生活，阿迪亚同时表达了无限的可能与平凡的简单性。我体验到的他是活在空性的圆满与自由之中，并且在源头及自发性之间，在心灵与幽默之间展现出正法的关系，并且显现出对存在有形与无形方面的欣赏。

这本书的教导

这本书收集了阿迪亚1996年到2002年之间几百场讲话中的精选，它们来自于各种萨尚、周末密集课程以及各类闭关。将这些整理出来，是为了让阿迪亚所提供的指示、爱以及那份传导可以对他的学生作一个持续的提醒，并且惠及许多无缘与之见面的人们。

所选的这些讲话，是因为它们指向那些首要的问题及主题，当个体与一个开悟的导师在一起时便开始引发出他对觉醒、解脱以及它的体现方式的探索。它们同样也描述了阿迪亚香提觉醒的直接体验，对于那些自我实现的人们展现了一个体验的世界：诸如纯真、敞开、爱、无常、和谐、祥和、深度以及自由的品质。他的话语，从他那深邃的内在静默中升起，是对真理的迷人反映，与我们的心产生共鸣，因为它们表达出了我们真实的本性。它们是真理对着真理讲话，本源揭示出它奥秘的本源。

这种共鸣有一种力量，可以斩断我们思想与情绪反应的习性模式，帮助我们击碎小我的催眠，给予我们一个对生命实相肇因的瞥见。如此的认知可以切实地将我们的世界颠覆，把我们从头脑的幻觉中摇醒。如此的一个敞开也揭示出一种全新的道路，让我们变得鲜活、有力和自由。这份鲜活正被这位老师以及他的许多学生们在现实生活的表达中呈现出来。

无论我们怎样努力，没有人知道如何去影响事件。在我们世俗的生活中，它同时造成痛苦与惊喜。但是，在灵性的生活中，它变成了我们的恩典。当我们能够安住在那个不知道——它是我们存在于每一个片刻的深刻真相——之中时，我们就是在允许那个自发的东西升起，并且让它将我们唤醒。阿迪亚不断重复地告诉他的学生们，不要抓住任何的概念，不要相信他对他们所说的任何东西，也不要去紧抓任何的体验。

灵性的教导可以安抚头脑并带来心智上的理解，但是，当觉悟透过一个真正的老师的话语及存在而移动时，那个觉悟本身就会激发起心灵之火，并且将意识聚焦在自我实现的方向上。我们每一个人终究会走入自己的内在，并且发现我们自己与真理的直接联结。一个老师可以为这个旅程提供路标和工具，以及通过他或她的临在激发出向内的流动。但是，在最后的行动中，一切都将把我们引向概念上的空空如也以及方向感的消失。你就是道路，而道路在移动，全然地投射于自我揭示中。它将会唤醒你，让你回到你真实的本性之中。静静地坐着，一个人什么也不需要做，只是允许自然的醒觉升起。这位真实的老师是一个彻底领悟这一点的人。而活在真理中必将带来的是痛苦的终结。

可资帮助的社团

佛（一切的存在）、法（生命真相与教导）、僧（灵性的社团）[4]，在佛教的传统中被称为“三宝”，用于支持灵性实现中的转化过程。一个老师可以为我们提供他活在真理中的临在的信息以及如何活在其中的教导，但是他无法支撑一个社团，也无法在一年中做所有的工作，并以此支持几十个学生的聚会或是闭关。

随着阿迪亚香提工作的进展，在他的周围已经发展出一个僧团（社团），而他们都是自己自由地去发现他们的能力。他形容过他与这个僧团之间的关系，他就像是坐在一辆列车的尾厢里，好奇着下一站将去到哪里，因为自己没有设定任何的目标与意图。这个社团无论升起些什么，醒觉或是精神（spirit）只是透过他而得到回应。

许多热心奉献的人们花了几百个小时去录音和整理那些磁带，以便为这本书提供节选，他制作并寄送出几千封的简报及书籍，组织和主持活动，接听电话及收发电邮，完成了大量的工作，为这个“开门僧团”（Open Gate Sangha）的非营利性组织

4　sangha，音译为僧伽，佛学传统中译作僧团，但此处并非指出家人——译者注。

的形成提供了背景。

这本书来源于那些热心奉献的人们的工作，没有他们，它将不存在。我尤其要感谢那些录音并且为那些聚会整理文字材料的人们，以及那些帮助检查及提供编辑建议的人们：玛乔丽·贝尔，她奉献出许多的时间来提出专业的编辑意见；多萝西·亨特和史蒂芬·博迪恩，他们提供了早期的编辑指导；普雷玛，这册书原始形式的设计者，她曾作为“开门僧团基金”的员工工作了四年，现在是创意总监，主管阿迪亚香提的许多录音磁带、书籍以及其他媒体的出版。

在这里，我还要感谢那些“开门僧团”里的不可思议的员工们，以及支持他们工作的几百个义工，还有阿迪亚的妻子安妮。这些人已经为这个社团构建和养护起一个坚实的基础，它使得觉醒与真理本身得以在我们周围的世界里扩展。我也感谢他们让许多因缘触碰到我的生命，但是，尤其使我开心的是，我能够通过整理编撰的工作来为真理以及这个社团而服务，在这里，我知道它将被赋予价值、被滋养以及被维护。对于一个社团，这是我们的一份礼物，同时，这份礼物也是送给任何一个能够唤醒头脑与心灵的社区。它是我们在那个来自本源的浩瀚的敞开中的空性之舞，而它也意在唤醒所有的一切。

——邦尼·格林韦尔　编辑

序言

欢迎你，是的，你，这位正在读着这本书的人。这本书是给你的，也是关于你的。从来没有人声明过真实的你是谁吧？你有没有声明过真实的你呢？或者说，你有没有只是被你的表相、名字、性别、家庭归属、人格、过往，以及对于一个更美好的未来或是一个更好的你的隐秘希望所愚弄呢？我确保这些琐事并没有真实地描述或揭示出真实的你是怎样的，甚至连接近都没有。

现在，说实话吧。你有没有怀疑过，有一个比你在镜子里所形成的形象更多或是更少的你呢？在你最安静的时刻，你有没有过隐秘的渴望，想要揭开你自己和他人表相的面纱呢？

关于你的某些东西，比太阳更明亮，比夜空更神秘。你一定私下里怀疑过这些东西，但是，你有没有完完全全地坠入你神秘的本质呢？

我欢迎你内在的这份神秘本质。这本书是给你的，也是关于你的。它是关于你的觉醒，也是为了让你记起真实的自己是谁。所以，向前进吧，进一步翻开它，去到任何抓住你的想象力的一章。书中每一章都独立地存在，但是，它们也是对前一章的加深。我相信你天性里的智慧会带领你准确地去到某个章节或是某一页，它将打开你的眼睛或是你的心，把你带到对你无限的自我本性的惊奇之中。

这本书的开篇是讲灵性的觉醒，并且在最后的章节中以对永恒真理的忠诚而结束。如果你还有兴趣要阅读更多的话，有一本关于觉醒后的生活的书不久将要面世。对于未来要发生的事情，此刻已经有足够的介绍和暗示了。时间是当下的，而我的欢迎已经完完全全地以这本书的形式交到你的手中了。

所以，如果你觉得愉快，那就继续读下去，但是，我的建议是，灵性的觉醒并非如你想象的样子。

——阿迪亚香提，2006年1月

觉醒

我教学的目的是开悟——从分离的幻梦回到合一的实相中。简言之，我的教导聚焦在认识到你是谁上面。你也许会在我的教学中发现其他的一些元素，但那只是针对某个时刻人们特定的需求而升起的一个回应，基本上我唯一的兴趣只在于你的觉醒。

开悟意味着醒觉于你真实的本质并且成为它。认识到它而成为它，仅仅认识到还不够。自我实现[1]的完成是成为它，它的意思是去行动，去做，去表达你所意识到的。这是很深刻的一件事，一种全新的活法——活在实相里面，而不是活在你那做梦的头脑所预设的想法、信念和冲动之中。

1 self-realization，它的本意是指完全地认识自我，在灵性的语境中，常常用来表示开悟、觉醒，而后面所提到的实现或认识（realization），同此意——译者注。

真相是，你已经是你所寻找的那一个。你正透过神的眼睛来寻找神。真理是如此简单而惊人，激进如禁忌，因此它极易错失于你的慌乱外求之中。你也许已经听过我在过去所说的，并且相信它，但我的问题是，你有没有用你整个的存在认识到它？你有没有活出它来？

我的讲话意在把你摇醒，而不是告诉你如何把梦做得更好一点。你们知道该怎样梦得更好点。根据你们的精神和情绪的状态不同，我也许会对你们非常温柔而和缓，或许不那么温和。你们在跟我谈话之后也许感觉好一点，但这于你的觉醒而言无关痛痒。醒过来！你们都是活着的佛。你们是神圣的空，那无限的空无。我知道这一点，是因为我就是你，而你就是我。放下你头脑中所有的想法和形象，它们来来去去，它们甚至都不是由你创造出来的。所以，当实相只与意识到此时此刻有关时，为什么将那么多的注意力放在想象上？

现在，不要以为觉醒是一个终点。觉醒是寻求的终结，是求道者的终结，它也是一个开始，一个活出你那具有真实本性的生命的开始。那完全是另外一个发现——于生命中活出合一，拥抱你的本然，让自己成为一个合一的生命表达。问题不是要你变成“一”，而是你就“是”“一”。问题在于，你是否意识到你是“一”的表达？这个“一”有没有觉醒于自身？你有没有忆起真正的你是谁？如果你有，你有没有活出它来？你是不是真正地、有意识地如“一”地活着？

我所有的谈话都是关于觉醒以及觉醒后的生活的。无论我看起来像是在谈论什么话题，我所真正谈论的就是这两者之一。

在最终觉醒前的几年里，我疯狂地想要开悟。你要正儿八经地习禅确实需要点疯狂。我的老师过去常说："只有疯狂的人才能留下来。"我所做的一个疯狂举动就是，在我每个星期天早上都去参加老师两三个小时的静坐禅修之前，我会早早地在5:00或5:30起床，自己先做额外的静坐。我会坐在一个房间里静心且冻得要死。

在那些静坐的日子里，某一天，发生了两件事，一件接着另一件，而且，两件事像是非常矛盾。第一件是，我自发地看到一切皆一。于我而言，那个显化恰如听到鸟叫，在我的前院里有唧唧的叫声，而从我内心的某处有一个疑问升起："听见这个声音是什么了吗？"此前，我从来没有问过这个问题。突然间，我意识到，我就是这个声音、这只鸟儿以及听见鸟叫的那一个，而那个听觉、那个声音以及鸟儿全都来自同一个东西的显化。我无法说那"一个东西"是什么，只能说那些都是"一"个东西。

我睁开双眼，发现同样的事情也发生在这个房间里：墙壁以及看着墙壁的那一位是同一个。我当时想，这太奇怪了，而后我也意识到，这个想法也是来自那个"一"的另一个显化形式而已。我站起身，开始在房间里四处走动以期找出任何不属于那个"一"的东西。但是，所有的一切都是那个"一"的反映。一切都是神。我晃进起居室，在步履之间，意识或曰觉知突然间离开了一切，无论它是物质的存在还是身体，或是实实在在的东西。

在每一个脚步间，一切都消失了。我眼前升起一个影像，仿佛过去无数次的投胎转世都以数不尽的头颅的形式一个接一个地排列在眼前，望也望不到头。觉知仿佛意识到："天啊！我已经无数世地被认同于不同的色身了。"在那个当下，意识以及灵性都意识到自己已经如此认同于所有的这些色身，以至于他至己真的认为自己在这一世就只是一具色身而已。

一下子，意识从形体的局限中跳脱开并独立地存在了。它不再以任何的形体来定义自己，无论这个形体是指一个肉身、头脑，还是某一世、某一个思想，抑或某一段记忆。我看到这些，但我几乎无法相信。就像是突然间某人塞了100万的钞票在我的口袋里，我不断地往外抽着，仿佛不能相信自己真的拥有了它。但是，它同样不可被否认。即便是我在用“我”这个词，但是，没有一个“我”在那里，只有那个“一”。

这两个体验发生在一起，一个发生之后一会儿就接着下一个。最开始，我与万物合一，而接下来，我变成了一个从所有的认同中醒来并跳脱开的意识或灵性，它甚至也从合一中跳脱开来。当那个“合一”剥落以后，那里还有一个根本的醒觉。但是，它具备两个面向：我是一切，而我绝对也是空无。这就是觉醒，是真我的实现。

接下来发生的事情就是，我走了一步，只是很平常的一步。那感觉就像是一个婴儿第一次好好地跨出一步，他笑着环顾四周，像是在说：“你看见了吗？”此刻，你可以看到他的欢欣。我跨了一步，而那就像是在说：“哇！第一步！”然后是下一步，再下一步，我继续绕着圈走着，因为每一步都像是第一步，更像是一个奇迹。

在每一个“第一步”当中，无形的意识及合一融到一起，如此，那个过去总是认同于色身的觉醒实际就在色身之中，但是现在，却没有了认同。那不是一个透过任何来自过去的思想或记忆而生起地看，只是透过五感[2]而看，不带任何历史与记忆的，每一步都像是第一步。

然后，一个可笑的想法出现在我的脑海里——在我经历13年的禅修之后，它突然变得如此可笑——“哎呀，我刚刚从禅宗里跳脱并醒过来了！”当你醒来时，你意识到你从万物中醒过来，包括那些曾经将你带到那里的一切。接下来，我所做的一件事就是，给我太太写了张奇怪的字条，它大概是这样写的：生日快乐，今天是我的生日，我刚被生下来。我留下那张字条，当我开车前往我的静心团体，并经过我们家的房子时，我看见她站在那里，手中摇晃着那张字条。我也不知为什么，就是感觉她确切地知道了它的含义。

有三个月的时间，我都没有跟我的老师提起任何有关那次体验的事情，对我而言，它像是无关紧要的。为什么需要有人知道呢？我感觉没有必要让任何人知道，也没有什么值得庆贺的。它像是完全自给自足的。只是后来我才了解到我所体验到的正应验了我的老师一直谈论的事。我意识到这个觉醒正是这一切教导的内容。很真实地来讲，那次的体验，正是我谈论的一切的基础，而那种体验持续到今天仍然还在。

当我们真的可以去看看我们认为自己是谁时，我们就会变得倍感恩泽。这时，人们才开始看到，我们也许拥有不同的念头、信念以及身份，但我们无论是从个体还是集体的意义上都无法说清我们到底是谁。它本身展现出了奥妙：我们意识到，当我们真

---

2 指眼、耳、鼻、舌、身这五种感官以及它们所带来的觉受——译者注。

的清楚而仔细地去看我们自己时，当你发现人类是如何通过我们的头脑、情感以及历史的内容来定义我们自己时，这实际上是多么令人惊骇啊！有很多形式的灵性修持都在想方设法要去除念头、情感和记忆，以使头脑变得空白，仿佛那才是一个令人向往的灵性的状态。但是，要让脑子一片空白却不一定是明智的。相反，看透念头并且认出念头只不过是一个念头、信念或者记忆而已，这才是更有帮助的。那样，我们才能够停止将自己的意识或灵性绑定在我们的念头以及心智的状态之中。

有了那第一步的经验，当我意识到那个透过我的眼睛及感官去看的，是苏醒的觉知或说精神，而非制约或记忆，我看到这样的精神实际上正通过其他所有人的眼睛在看。这与它们是否通过其他人的制约而看无关，它来自于同一个东西。正是那个“看”本身无处不在，不仅仅是在眼睛里，也在树上，在石头里以及地板上。

这真是一个矛盾，当精神或意识越能够开始品尝到它自己的滋味——不是作为一个念头、想法或信念，而是作为苏醒的觉知的一个简单的临在，这份苏醒的觉知就越是会无处不在地映射出来。我们越是从身体、头脑以及认同中醒悟、转化并跳脱出来，我们就越会看到身体和头脑实际上只不过是同样的精神、同样的临在的一个显化而已。我们越是意识到那个真实的自己是完全外在于时间、外在于这个世界，以及外在于所发生的一切时，我们就越是会意识到，这个同样的临在就是世界——所有一切正在发生以及存在着的。它就像是一个硬币的两面。

觉醒最大的障碍，就是那个认为它很罕见的信念。当这个障碍被排除之后，或者说，你至少开始告诉自己，“我真的不知道，我那关于觉醒是很困难的信念是对还是不对”，然后，一切都立即开始变得对你敞开了。既然作为存在的一切，它们就不可能是罕见而困难的，除非我们非要坚持这样认为。这所有一切的基础不是理论性的，而是经验性的。没有人将它教给我，也没有人可以教给你。

觉醒的美丽就在于，当你不再透过自己的制约而生活时，那个“我”在过着生活的感觉就不再有了。大多数人都非常熟悉“我在过生活”的感觉。但是，当这个被看穿之后，那个经验就会是，掌管和运作着生命的是爱，而这个爱也一直存在于每个人的身上。当它要在你的个人恩怨中耗时费力时，它难免就会造成能量的耗散，但它还在那里。没有人拥有这个爱。每一个人在本质上都是这个爱的显化。

无论你是否觉知到，在生活中，你已经体验过这样的时刻，你暂时忘记了那个你一直认同的“我”。它可能是自发出现一个美丽的见识，或者是出现在你忘掉小我的那一刻，但人们常对这些片刻忽略不计。在体验过那个“美好的片刻”之后，你又重新回到熟悉的身份中。但实际上，这些机会就像是一些小小的窥孔，透过它你可以体验真理。如果你因为它们而开始观照，你会注意到它们的。突然间，你的头脑会停止思考自己的故事。你也许会留意到，你那曾经分离的身份认同感或者“我”的存在感暂时中断了，而你真实的本质却没有消失。然后，你问自己：“什么是真实的我？如果我的身份可以暂时中断，而我却没有消失，那我是什么？”或者问，“当我真消失的时候，我是什么？”

通常，回应这个问题时，头脑就被激活了，它会开始思考，直到真正的智慧闯入之前，它还会说：“等会儿，那只是更多的念头而已。”然后，在你的念头与念头之间会有一个宁静的间隙，如果你在那个间隙中保持临在的话，你就会停止运用你所熟悉的身份去采取行动。只要身份一跳进那个间隙中，你就不再能感觉到临在了。做一个无名小卒对于头脑来说是最大的困难，它会很快就填满那个间隙。“我怎么能是一个无名小卒呢？”但是用你是某某人物来填满这个间隙也是毫无意义的。如果你真想知道你是谁，那就去体验那个间隙，体验那份敞开，并且让它在里面开花。再也没有比这更好的方法能让你去找出你是谁了。

如此，灵性的修持就变得不只是真实，而且也充满了探险和乐趣。你问："这个敞开，这个临在——随你怎么称呼它——这就是我吗？”你开始感觉到你超越了某些东西，而那不是念头、信念或信仰的创造物。当你开始把它带入内在，就是这个从所有身份中解脱的苏醒的觉知，它是最令头脑害怕的。在禅宗里，我们称之为“未经造作的”，它是唯一环绕着你的东西，而非经由你的头脑而产生的。

在《圣经》里有一个很精彩的寓言，说一只骆驼穿过针眼比一个富人进入天堂要更容易。拼命地抓住种种身份不放，即便是最灵性的、最圣洁的身份，也像是试着拽着一只骆驼穿过针眼一样，它们太粗钝、太巨大、太不真实、太虚假，而不可能进入真理。但是，有一件东西可以穿过哪怕最细小的针眼，空间——你自身的空无——可以让你直接进入天堂。我们谁也不可能带走哪怕一丝自我的身份。

天堂就是我们可以穿越而进入自身的空无体验。我们意识到我们自身的纯粹觉知，并且看到我们只是无形无相的纯粹精神。我们认出这无形的精神就是本质，这个万物中生机盎然的临在！

这就是处在天堂，因为，每一个步伐里，精神与本质都占据着我们的身体。这就是重获新生的真实含义。重生不只是一个伟大的情感上或宗教式的转化体验。那也可以很美，但它只是像换了一件衣服一样。重生是指实际上的再次出生，而不是获得一袭新的灵性华服。更确切地说，当我们意识到，是永恒的空无在过着我们称之为“我的人生”的那个生活时，就到了那种混沌未开[3]的境界了。

但是，你意识到了真理或说有了灵性的觉醒，它却并不意味着你的生活从此就是一场逆风上扬又永无止境的幸运之旅。那里不一定会有超乎理解的和平存在。只要我们感觉还好，就容易拥有祥和。即便生活依旧如海洋般起起落落，无论浪高浪低，它既是神圣的，又是平凡无名的，你却不再为它所伤。在这份觉知中，你那无法被他人所理解的祥和，以及你的人生不再需要变得更好，它只需如生活本来的样子般随顺生活之流，而你，心无挂碍。

学生：放下我们的自我中心，如此我们就可以体验到觉醒——你是不是说我们可以像剥一个橘子皮一样地剥开我们自己？

阿迪亚香提：剥皮就像是晚上你做梦，梦见自己去见一个心理治疗师，你感觉到越来越好，你感觉自己像是可以到达一个什么境地了。而觉醒就像是你坐在沙发上讲述着自己的故事，而你

3　原文中的unborn，意指没有出生的，也可以理解为永恒的。参考佛学中常说的“不生不灭”——译者注。

还是一团糟——那时，你并没有走得更远一点。然后，突然间，你意识到这是一场梦，它不是真的，你是在编造故事。这就是觉醒。觉醒和剥皮有很大的不同。

学生：我编造了这一切？

阿迪亚香提：是的，这一切。但是，你内在的觉醒不是在做梦。只有头脑在做梦。它讲它自己的故事，而且想知道你是否跟上来了。当你转而醒过来时，你意识到："等等，这是一场梦。我的头脑在创造一个改版的现实，一个虚拟的现实，但是它不是真的——它只是心智的作用。"心智可以在觉知里面讲出100万个故事来，但是，它却不可能对觉知有一丝一毫的改变。它唯一会改变的是身体的感受。如果你给自己讲一个悲伤的故事，你的身体也会对它有反应。如果你给自己讲一个让你的自我膨胀的故事，身体会感觉被充了气一样，有了自信。但是，当你意识到它们都只是故事，那就有可能跳脱头脑而得到一个深刻的觉醒，从梦里醒来。不是你在觉醒，是那个永远醒着的认识到了它自己。那个永远醒着的就是真正的你。

萨尚

我们在这里相遇是为了认出真理是永恒的。在萨尚（satsang）里的意思是与真理联结。当我们理解了这一点，我们就能够有一个共同的意图并相遇在一起。

当你来到萨尚，来与真理相联，你会愿意去问："我是谁？"或者："我是什么？"不带任何剧本或角色，不带任何关于你是谁或你是什么的故事，放掉你所认为的你的人生如何如何的剧本。每一种关于身份的感觉都有它的剧本。在那些剧本中的某些角色可能是"我是一个成功的男人或女人"，或者，"我是一个不成功的人"，抑或，"我是一个永远不可能搞好关系的人"，抑或，"我是一个有着很多灵性体验的求道者"。我们每个人都有一个特定的角色，关于那个角色也都有着我们的故事。但是，我们的角色和故事却不是真正的我们。

萨尚之美在于，它是一个让你从你的故事中醒过来的机会。当你开始意识到什么是真理时，你认出真理不是一种抽象物，它并没有远远地和你保持着距离，它也不是某种你需要明天去学习的东西。你会发现，真理就是真正的你，不带任何的故事与剧本的你，真理就在当下。

这种相遇的真正福分是，它是一个让你现在就停下来的机会，而不再要你等到明天。觉醒于你存在的真理，它不是一件未来才能达成的事。它不是一样东西，需要你的准备，需要你去赚取或者配得上拥有。觉醒是一个身份上的激进转变。你认为你是你，但你不是，你是永恒的存在。醒来的时间是当下，不是明天。

当那个小我开始意识到为什么它要来这里做萨尚的时候，它会想："这不是我该来的地方。我曾想来这儿收获些利益的，但是却没有得到。"对我们任何人来说，去到任何一个地方或者做任何的事情却甘愿无利可获，都算得上是一个革命性的想法。这并不是说，某些时候获得一些利益有什么不对的。但是，在萨尚里我们将看到的是，我们的幸福自由与收获任何形式的利益毫不相关。相反，它们却与我们允许自己去经验当下的片刻完全相关，这就像是完全解除我们的武装策略，它也包括我们想要去除策略的策略。这是一个机会，让我们可以停止一切想要去变成什么的念头。

这里的祝福是，我们欢迎一切小我被解除时的种种直接经验。几乎在你去到的任何其他地方，那种被解除的感觉通常是被推开、隐藏，甚至是不被谈起或承认的。在这里，相反的是，我们可以发问："我是什么，没有了我的故事，没有了我对这个片刻的要求，没有了我在这个片刻的希望，没有了我的剧本，现在的我是谁？”因为头脑在解除了武装之后，就不知道它自己是什么了，当它没有了角色或者人物去扮演的时候，它就不知道自己是谁了。

那个表演着这一切的演员名叫“我”。即使是当我们回应或者欢迎萨尚的召唤时，这个演员还是继续在维护着他/她自己，头脑总是有一个倾向在说着：“我在这里。”但是，当我们去寻找又是什么在“我在这里”的背后时，我们就像是对着一间空房子喊叫，有一个回声：“我在这里。”等我们每次再去看的时候，就只有一个回声——“谁？”“我在这里。”——“谁？”

因此，那时候你开始更多地放下了，从那个更细微的游戏中解除出来，即你不再认为自己是那个角色背后的演员。你开始看到那只不过是另一种讲述而已。如果你真的去看，就会有一个非常精彩的机会让你完全被解除，因为你根本找不到一个演员，或者任何一个人。

当这种解除发生的时候，你就是在允许那个无言的经验去呈现它自身。这是一个存在的无言经验，你可以为你自己而经验。你会意识到，那不是一个剧本或角色，它没有携带着任何的计谋，也没有强加于这个片刻的任何要求。它更不是一个演员，“真正的你”是优于你所认为的你的。

真正的不带任何角色的你常常被认为是藏在某处了。所以，当你放下你的角色，当你回头去看那个被称作“我”的人物，想要找回你存在的真相时，你也许会认为有一个人藏在了某处，需要被找回。如果事情如此发生，当你进入一个敞开的状态时，你也许会想：“没有人在这里，但我还是要去寻找它，寻找真我，寻找真理，寻找开悟的我。”去寻找另一个真我，那只是另一个角色，另一个剧本而已。它是灵性求道者的剧本的一部分。如果你丢开这个剧本，现在你是什么?

当然，我让你去追问“你是什么”的原因是，在这个片刻，你正活在那个答案里。我所告诉你的没有一件事情可以代替得了那份活力，那份活在答案中的活力。这也就是为什么我那么多次提起，那些不知道自己是谁的人才是醒过来的人，现实是，每一个人都知道自己是谁。他们是自己的剧本，无论那个剧本是什么，哪怕是“我没有觉醒”。觉醒就是没有了剧本，知道剧本终究只是一个剧本，故事就只是一个故事。

头脑会去到一个状态说，“我搞不明白我是谁”，因为它找不到正确的剧本了。觉醒是在头脑中说“我放弃了，我只是真的不知道我是谁”之后发生的一种实现。当你开始理解这一点时，你会意识到当你在听的时候，你会放下那个你是某某的剧本而听，当你在说些什么的时候，你会放下你是某某的剧本而说，放下这些角色，你就不再是那个你以为的谁谁谁。来到萨尚对于“我”来说是一件很革命的事情，因为我认为只有通过改变它的剧本、角色或者身份，才能得到快乐，哪怕这个身份就是没有身份。它会尽一切努力来使“我”这个球不停地滚动。

目前，我们的灵性文化已经变得非常诡异。人们将灵性的概念精微地运用于讨论之中。很多人已经将旧有的关于上帝和罪恶的沉重概念替换成意识和制约，它们听起来要轻松一些。现代的灵修人士拥有这些极端抽象的概念。其实，概念越是抽象，它也就越透明。很难将意识确定为一种形象并把它放到神龛里，你的神龛只会继续保持空空落落的。如果你想看见真理，就别把任何东西放在那里。最好的神龛里只会了无一物。

即便是抽象的概念，如果你认同于它们，它也可以抓住你，并且阻止那些解除你头脑的武装的行动。哪怕是有了一个突然的觉醒的体验，对于头脑来说，它还是很容易进入觉醒的活生生的精神之中，在上面加盖上它的戳，使之成为某物，“这是觉醒，这是觉知，这是意识或者叫真我”。头脑会给它取任何一个名字，如此它才不会被解除。因此，我们看到，即使是最神圣的概念，如果它没有被非常轻松地对待的话，它也可能变成一个细微的防御，阻止你进入这个概念无法嵌入的存在所处的当下状态。

如果我们问：“没有这个我的概念，那我是谁？没有我，那我是什么？”那份无言马上就会打开，那个无概念也会马上被打开。允许那个经验，因为有关这个问题的，是一个活生生的答案，“我是什么？我是谁？”它不是一个死的概念性的答案，而是一个活着的答案。它是活生生的！在这个灿烂的觉醒的时刻，有一个奥秘展开了，一个片刻接着一个片刻接着又一个片刻。这个存在的活着的状态——无论你如何称呼它——正是那个你一直都是、永远都是，以及你正是的此时此刻。你并不是所谓的人，你是一个以人的面貌而出现的存在。

真实的追问就像是孩子惊奇的表达一样：“这是真正的我吗？”不用去想它，但是允许自己透过这个问题进一步被解除。你越是诚挚地进入那个未知的经验，就越容易进入一种无我的境界，那时，你有没有注意到头脑常会不知道该做些什么？邀请那个未知的感觉，而不用去关心自己是否会被解除。注意到在它的中间有一个活泼的、灿烂的觉知。神奇的是，通过认出并进入那个醒觉，你就能如它般觉醒。

当你允许那苏醒的觉知进入时，你将发现它会和你的生活玩游戏。它不再根据你那小我的计谋来行动，不再是那个当你醒来的时候，小我总是想着要有这个或那个发生的想法。那苏醒的觉知不太关心你有的那些计谋。它在动，它不听从于你想要做的，而你也很感恩它不听话。你发现它有它自己的运动，我想这就是真正的臣服——跟随那个运动，这就是“你会被完成”（Thy will be done)的真实含义。

头脑也许会在意自己被解除以及放下所有的概念和剧本，它可能会说：“我也许得不到我想要的。”而我说，你没有得到你想要的真是太幸运了！我因为觉醒什么也没得到。我曾想着它将解决很多的问题，关于它能够带给我的，我过去曾有过很多的想法。算了吧！并不是你没有得到你想要的，而是你不再关心自己是否得到了你想要的。我现在想不起来有什么东西是因为我曾经想要而真的得到的。唯一会发生的事情是，我不再关心了。多么恶心的一场梦啊——只想着那些我需要的事情来让我幸福就好了。

欢迎你自己神秘的存在就是萨尚。灵性修持通常都是对立的，把你自己的存在推到一边，或者去界定奥秘，或用珠宝和鲜花来装扮它，好让它看起来是一种有力量的神秘。萨尚是一个欢迎，如此的一种欢迎，直到认同感打瞌睡，而奥秘会意识到：“这就是真正的我！我曾以为我是那个带着计谋的人，我以为我是那个扮演很多角色的演员，我曾试想自己就是那些角色。”它们没有一个是真的。当那个说“我是一个人”的角色结束时，我们称它为死亡。在你的肉身死亡之前先让你的角色死掉会更容易些，现在就把它放到一边去安歇。透过萨尚，你可以觉醒于你永恒的存在，并拥有真实的生命。

敞开

当我们聚集在一起探索真理时，萨尚很重要的一部分就是，敞开心。有些人发现要敞开头脑是比较容易的，有的人发现打开心更容易些，但更重要的是在此时此地两者都要敞开。当你敞开时，你不会去过滤你的体验，也不会去阻碍你自己。你不会试着去防卫自己，而是透过质疑你所相信的东西而向奥秘敞开自己的心扉。

当你不再试着从一些特定的概念或感觉中去找寻你自己时，你就给了你自己一个美妙的礼物，那时，那份敞开会扩展开来，直到你的身份逐渐变成了敞开本身，自己不再拘泥于头脑称之为信念的参考或者是身体里的特定感受。目前的重点不是要去除掉想法或感受，而只是不要固定在它们里面。

敞开没有特定的方位，它看起来无处不在。它对于任何事物都保有空间。可以有一个想法，也可以没有。可以有一些感受，也可以没有。可以有声音，也可以是静默。没有什么打扰得了敞开。没有什么打扰得了你的天性。只有当我们关闭我们自己，认同于一个特定的观点，一个关于我是谁，我相信什么，或者我感觉自己如何的概念，我们才会被打扰，我们会反对正在发生的事情。但是，当我们处在自己的天性——敞开——中时，会发现我们实际上不会反对任何事情。在敞开中所发生的一切都是完美的，如此，我们便对生活有了一份自发而明智的回应方式。

萨尚是关于忆起的。它就像是你忘掉你是这个敞开，而以为你是某某。人类创造了无穷无尽的神话来说我们是如何忘事的，至于究竟如何倒并不重要。萨尚的核心不是关于改变或转换你自己，而是记起你是谁。真理只是关于记起、认出以及意识到你的真实本性。

你们有没有过这样的经历，哪怕前一刻它还在你的脑子里，可你转眼就忘了？头脑可能挣扎着想要记起，但它只是使这变得更困难。最终什么能帮上忙？你放松了一点。你忘了你刚才想要记起的是什么，你松了一口气。“噢，就是它！”答案不知从哪里冒出来了。自我实现就像是这样——就在当下。它发生在你放松以及那个不知道的意愿里。

你现在就可以有一个敞开的经验，你无需敞开或者变得更敞开，只是去认出敞开已经在此时此地被经验着就好了。这是一个来自内在、外在以及各处的了悟。只是去感觉它的体验。放下“敞开”这个词，让它消失，而体验进入得更深并且变得越来越沉默。只是“在”那里，在那个超越语言的所在。那么，你就不会为词语所困，你也不会将你的经验限定在你所相信的词语之中。但是只要你一强行加入“敞开”这个词时，你的体验就会被加上某种味道，而它就不太对劲了。它也许很接近，但是，它与你没有概念时候的体会还不完全是一回事。

这种放下能够加深。对于头脑来说，这份深化就像是坠入了未知，头脑喜欢概念化或限制住那个体验，但它实际上是一个对于本身存在的更深的了解。在那个更深的体验中，你认为的这个受限制的你开始意识到相反的事实——你就是那个敞开。你也将看到他人亦是如此。当你解放你自己时，它不仅是对于你自己而言的，那个真我也被解放了。你正想起每一个人的真我，因为它同属于一个真我。当这一点被认识到之后，它会给人类的互动带来全然的转变。

开放的头脑，开放的心。意识到没有一个人在那里需要保护。再也无需建立起情绪的屏障、分离感，或者因那个屏障而升起隔绝感。你认为自己需要保护的唯一原因是一个非常纯真的误解。这一切的发生是因为你在童年早期被给予了一个关于自己的概念，也收到一套装备，它们都是要教你如何去构建保护关于你这个概念的一堵堵墙。你还学会了在不同的情况下不断地增加自己的装备。如果一股怒气看起来有用，你就会把它添加到你的装备里，或许你还会加上怨恨、羞愧、指责，或者受害。无论你是把自我的形象附着在一个好人还是一个没出息的人上面，你那套身份的装备都会被用来保护这个形象。

这其实是非常无辜的。当它发生的时候，你并不知道它在发生。它会不停地持续下去，直到你意识到，头脑及身体对“我”的形象的执着，这都源自于你认为你需要保护的信念。这两者缺一不可，它们来自于同一个盒子。

当你丢开你的保护时，真理会进入并且带走自我形象。这也就是为什么自我形象往往带着一堵墙，因为，没有了那堵墙，你关于真实本性的记忆就会很快跳进来并带走那个无论好坏的自我形象。没有一个自我形象不是带着一堵墙的，也没有一个自我形象不会造成痛苦。不单是你自己拥有很多堵墙，你同样也投射出很多道墙到别人的身上。你所拥有的别人的形象阻止你去看到他们的真实本性。

带着一个想要看到形象的不真实的意愿，那些墙就会倒塌。当智识上的墙打开，你的头脑就变得敞开了。当情感的墙打开，你的心就变得敞开了。当对真理的认识移除掉那个限制性的我时，你突然间也就没有了自我形象——就只是全然的临在。全然的临在！这份敞开是当下的以及了无形象的。你没有必要去保护它。某人可以朝着它大喊大叫，而声音只是穿过空间。那是可以的。有人会看上它，那也很好，但是它不会因此而有所增减。

现在，关于真理，或说开悟，或说觉醒，最滑稽的事情是，即便它没有隐身，我们还是会错失它。它不在远方，只有等到我们配得上它的某一刻它才会出现。它难于被找到是因为它就在眼前。这份敞开一直都在这里。如果它有一个声音，它会一直这样讲：“看在老天的份上，我想知道形象这玩意儿还要一直搞多久！”

这个了无形象的真我——你可以叫它觉醒、觉知或者敞开，无论什么词只要它能触发你的记忆就好——是非常安静的。但是不要相信我，不要以为把这些话语带入内在，它们就会带领你去发现，你才是权威，我只是一个传信者。

你越是意识到你就是敞开，你的肉体就越是会意识到没有什么可保护的，然后，它就可以敞开自己。在情绪的层面，你可以感觉到这一点，就像是在你的肌肉和骨头里面有感觉一样。然后，身体最深层的功能开始展现了，它变成了了你在肉身形体中的一种敞开的表达，一份真理的表达，而非小我的保护。它变成了敞开本身的延伸。你的手或者脚的动作变成了一份敞开的表达，与一个物体的联结感觉上也像是敞开的一个延伸。你感觉到自己几乎像是一个婴儿般惊奇于自己的动作、感觉以及这个世界中的所有呈现。区别在于，当灵性的觉醒变得深入而成熟时，你具备一个婴儿所缺乏的：智慧。婴儿，只要假以时日，就会认同于引起自己注意的物体，以及认同于别人所给予的关于自己的信息。当成熟的身心在它的本性中敞开、延展的时候，它会重新发现纯真，但是现在的纯真有着一种深刻的智慧在其中，它允许自己着迷，但是不再无谓地去紧抓或推开任何东西。所以，这个动作以及这份着迷不再是婴儿式的。他们像孩子，但是具有绝对的睿智。这份敞开支撑着最深最深的智慧。那么，你最终能够着迷却不会因为迷失在一个身份里而失去自己，也不会感觉到你可以受到任何的威胁。

婴儿的整个世界都是关于身体的。它也应该如此，需要如此。但是一个纯真的圣者却不会关心如何维系他的身体。被维护并不是源于不被维护的恐惧。这也就是为什么在这个重新忆起的时刻，在那个最意义深刻的回家的时刻，回到你的真我的家里，会有一份真真切切的自由在那里——毫无畏惧地活着你的人生。

敞开的另一个面向是亲密。到达真理以及美，最快速的通道就是当你可以与所有的经验——内在的以及外在的经验——完全亲密地在一起，哪怕是那些“不好”的经验。当你可以亲密地和整个经验在一起时，分裂的头脑就不得不放下它在那个当下的计划。在这个亲密里，一个人变得非常敞开，并且发现了浩瀚无边。无论这个经验的品质是令人不快的还是让人惊艳的，只要你和整个经验亲密地在一起，就会达到一个敞开的状态。

当你与你当下所有的经验亲密地在一起时，觉知就不受限制了，无论它是关于你的情绪体，还是你的肉体，或者是你的观念以及思想的。只有一个完整的感知本身、感觉本身或者思考本身，而且，无论发生什么，它都倾向于自我解决。当整体去感知它自身时，它与这个我正拥有的那个体验的感觉是非常不同的。当我们可以放下时，正如禅师盘珪永琢[4]过去常说的，“一切都被那混沌未开的东西完美地掌管着”。他用“混沌未开”这个词，而我称之为真理。当整体感知它自身时，会产生一个印象，那混沌未开的东西完全掌管着它自己。它绝不去抓住任何体验。它只是让自己和谐，享受着自己。而当你放下你的计划或计谋时，可以看到一切都完美地掌管在那混沌未开的东西的手中。

有时候你注意到你的头脑里会有一些计划在进行着。你想要试着去除掉一些东西或是理解些什么，抑或是你在思考。试想一下给自己一个喘息，停止思考一会儿。爱因斯坦这样做过。他会想一个问题，然后，他会停止再去想，他相信自己已经想到一切该想的，筋疲力尽于理性的思考过程。现在，这样做是一个窍门。大多数的人发现理性的思考把它们带到一个边缘上，他们不是停下来，而是向左转或者向右转90度再开始沿着边缘移动，水平地思考一下，拉进来更多的事实、经验以及记忆，这就叫浪费

4 盘珪永琢，（1622—1693），日本禅师——译者注。

时间。唯一有力的思考是，当理性的思考去到思考的边缘时，就及时停下来。它让其他一些需要呈现出来的东西呈现，很像是爱因斯坦所做的那样，把思考的过程做到极致，然后就让它呈现。那时，那个混沌未开的东西就完美地掌管着一切，而这仅仅是因为它与经验亲密地在一起。

到达你真实本性的敞开最快捷的方法，就是不要太多地思考，而是更多地通过你的五感去发现。举例来说，当你在倾听整个当下，而不只是你耳边存在的声音，如果你去感觉这个当下的整体，你就会从你那个受限制的我的空间中敞开来。在你的身体里会有一个特别的感受，你只要去感觉它，它就扩展开了。你感觉到绝对的宁静，你体会着鸟儿，你体会着去感觉一个声音时的感觉。

五感带给你一个即时的通道，让你超越头脑所创造的虚拟现实。当你开始让你的五感都打开时，那是很美妙的。你会意识到你99%的问题来自于你局限了一切，只专注在一个方向上，当你向那个整体敞开时，一切都变得清晰起来。一旦你开始受苦，你注意到你的五感开始放弃注意整体，而是专注于一件事之上，也就创造了痛苦。

你可以看到，因为注意力被集中于经验的某一个狭窄的方向上，这给你带来如此多的痛苦，而这使那混沌未开的东西要掌管自身时变得非常困难。但焦点一旦放开，你就知道那混沌正在掌管着自己，哪怕是看起来不太妙，而一切都会行得通。然后，你就可以超越一个限制性的观点而看到，你所认知到的一切经验并不那么真实，更真实的是这个整体，是它自己认知了自己。

纯真

当我体验到深度的觉醒时，我的内在就升起了三种品质：智慧、纯真以及爱。虽然它们实际是同一个整体的部分，但是，整体却可以透过这三种品质来表达。

觉醒开启了智慧。当我说起智慧时，它的意思不是说我突然间变得聪明了。它只是意味着我认识到了真理。真理就是我所是（The Truth is what I am)。这也就是这个世界的样子(This is what the world is)。这就是实相（This is what is)。这个智慧就是意识到真实的你是谁。它是意识到的真理，那一个也是唯一真实的真理。这个真理不是哲学、科学、信心、信仰或者宗教。它超越了所有这些，远远超越了。

诞生在觉醒中的第二种品质是纯真。这份巨大的纯真在生活中会产生出一种永远临在的新鲜感。觉醒之后，大脑不再执着和比较，所以，每一个片刻都像新的一样被经验，正如一个小孩子的头脑状态一样。成年人的头脑喜欢把东西吸收进来，与过去所发生的陈芝麻烂谷子的概念相比较，而带着一个这样的态度："去过那里，做过那个。"这是相当的贫乏、干涩而乏味的。当这种比较不再发生的时候，才会升起纯真的心智。这份纯真也被叫做谦卑。但是我个人更喜欢纯真这个词，因为我认为它与那个实际的经验更接近。

升起的第三种品质是爱。这份爱是针对存在的。从觉醒中诞生的对如是实相（what is）的爱，也是对一切万有（everything that is）的爱。当这份觉醒的洞见进入得很深时，你就会意识到存在是何等的不牢靠。我不是简单地在说我们随时可能被杀死，我的意思是，我们看到一个难以置信的奇迹，我们看到，（存在）要让这绝对的空无出现在这里是何等的容易啊，容易到你简直无法想象（实际上，这里绝对空无一物，但那是另一个故事了）。在万物中所存在的任何一切都被视作绝对又神奇，而从这份看见当中，也会产生出对实相如此单纯的爱。这是一种完全不同于我们得到了自己想要的或是找到一个完美的伴侣时所产生的爱。这种爱就像我们拥有了鞋带或者拥有了脚指甲的存在那么简单。一个巨大的爱升起，仅仅是因为生命本身就是奇迹，我们意识到一切万物都是一。

当觉醒进入得很深时，我们不再基于个体自我而运作。换句话说，每一件事情都不再与"我"相关。思想与我无关，情感与我无关，与他人相关的事情也与我无关，这个世界所发生的一切都与我无关。在小我的意识状态里，准确地讲，发生的每一件事情都冲我而来，对吗？那是意识的"正常"状态。

没有人能够解释个体自我到底是什么，我们只是感觉到它。它不只是我们如何行动或如何说话，而是我们内在对自我的核心执着。当我们透过它来看事情时，我们就会意识到个体自我并不是真实的我们，也绝不是可以借由它来开始一切的坚实基础。当我们真正看向自己真实的本性时，有一个矛盾会升起：我们越是意识到没有一个自我，也就越是能够与自己的真实本性亲密相处。

所以，在我的经验里，代替个体自我的是那份纯真和那份爱。当然，它们一直都在那里，但却被这个思想与情感聚合而成的“我”遮蔽住了。这份纯真持续令我惊讶，因为它不会终止。无论它所见为何，它会持续地保持纯真，无论灵性的洞见有多深，或者灵性的深度如何成长，它也将持续生长出更多的纯真。在小我的感觉中，我们知道的越多，所感觉到的纯真就越少。但是对我们的真实天性而言，我们知道的越多，就越是能感觉到纯真。

我称这种感觉为纯真，不只是因为它有一种人人都可以感知到的纯真无邪的感觉，也是因为它是一种非常不设防的感觉。当我们不设防时，我们注意到，纯真就是自己的出发点。可以这样来理解：当我们处在意识的小我状态时，我们的出发点基本上是一个理念或者一个经由信念或记忆聚合而成的观点。当我们以纯真为出发点时，我们就不会听命于一个理念、一个观点或是一个信念。我们以纯真本身为出发点，它不是一个特定的观点。它没有一个意识形态，它没有一套理念，没有一长串信念，也没有一长串主意。这个世界上唯一一件确实的事情就是，我们真的不知道会发生什么。在纯真里，不知道会发生些什么，而这就是奇迹。当我说不知道会发生什么时，我的意思是，它不是透过想法而与经验相联。当它与经验相联时，它正避开思想。它完全没有被过滤，而这恰恰也是它被称为纯真的原因。

觉醒的自己的这个面向，这份纯真，实际上是每个人身上都有的味道。对于头脑来说，小我意识也许会喜欢去探访一下这个地方，但是，让它呆在那里却会把它吓着，因为它会带走小我意识的所有工具并使之变得无用。小我意识喜欢探访这个地方，因为它是一个很好的小小的释放，就像是进入巴哈马斯[5]里面呆一会儿一样。但是，实际上，头脑呆在那里并不太舒服，因为它在那里会不运作。我们看到的自己也不是像我们自己所想的那样，而世界也不是我们所想的那样。一切都是新的、敞开的和无法预期的，这使得小我感觉很不安全。

要理解这份纯真有多么彻底可能是困难的。举个例子，如果你坐在你的椅子上，你的身体有某种感受升起，你的头脑就会马上贴一个标签——恐惧，而纯真却对此一无所知。哪怕是头脑中那种被称之为恐惧的感觉，纯真也会浑然不知，因为它不是通过头脑来感知的。它会如实地去看待事物："我要死了，这是啥？"当你对某物感兴趣，你会向它走去。如果一个声音听起来有意思，你就会靠近它；如果有一种气味有趣，你就会嗅嗅。纯真只是带着好奇去看并且问："这是什么？"它会把那份觉受拉得特别近。它通过经验而非想法去发现那个觉受是什么。你通过觉受去体验恐惧和你通过一个想法去体验恐惧是非常不同的。因

5　巴哈马斯（Bahamas），美国东南部的一个岛国，很多美国人休闲度假的去处——译者注。

为，像恐惧这样的字眼，它已经被世代相传，而其中也有头脑的代代相传，当一说“恐惧”时，你脑子里蹦出来的不是关于那个或这个片刻的恐惧，而是关于无数代的恐惧。

但是，纯真不是透过思想来看问题的，它会绕开历史。它是对每一个当下的全新发现。它不是小我头脑的一个选择——“好，我将要变得纯真，我将要去发现每一个片刻，我将要注意了。”这样做的话，你就将错失纯真，因为这让它变成一个小我意识状态的计划。纯真已经存在，而它正在以一种纯然的方式去接触和体验每一个片刻。当你开始触碰到它时，你开始感觉到它如孩童般的好奇；你发现它实际上在移向体验，移向每一件事情。那就是为什么许多宗教都在劝导人们要像孩童一般（不是幼稚，而是像孩子一样），因为，在那个似孩童的状态里面，存有对如是实相的鲜活兴趣。当我们活在那个未分离的自我中时，这就是我们可以感受的新鲜品质。

当然，我们仍然有大脑，我们还有思想，所以，还有东西要学习，而经验也在累积。意识的小我状态总是通过这个累积的知识来看待事物。活在未分离的自我之中的唯一不同是，我们不再通过那个累积来看待事物，尽管在必要时我们可以进入其中。相反，透过纯真来看待事物，也使得我们具有了非凡地活在当下这一刻的能力及智慧，因为，在那个状态里，关于当下的最深的智慧才会升起。这个智慧仅仅属于当下这一刻，因为它不是我们累积的知识的一部分。在禅宗里，我们称之为prajna，它的意思是“心的智慧”，这个智慧属于整体。它属于这个当下片刻。我们不再与自己的个人感受相联，而是与存在的整体相联。

我从觉醒中发现的另一个品质就是对于存在本身的单纯的

爱。这不是一种由任何事物所带来的爱。它不是基于一个好日子、一个好人、一次美好的邂逅，或者一份好的情绪。事实上，可能并没有多么美好的一次邂逅，多么好的一个人，或是多么好的情绪，但那里仍然有着一份对存在的浓浓的爱。这是一份对生活的热切的爱，因为在生活中的每时每刻都在与爱相遇。

觉醒揭示出，不存在一个个体的自我，而万物都是我自己。这看起来像是一个矛盾。我们发现我们什么也不是，但同时我们又绝对是万事万物。当我们看到这一点时，我们意识到，一切的发生都无非是爱遇见它自己，而非其他，或者我们可以说，你在与你自己相遇，或说，真理在与自己相遇，或，神在与自己相遇。爱在每一个片刻与自己相遇，哪怕那是个糟透了的片刻。这种情况绝不会透过意识的小我状态发生，不会经过头脑的过滤而发生。但是，对于纯真来讲，爱只是与它自己相遇了。如果你爱我，它就会遇见一个。如果你恨我，也好，它还是会遇见那一个。而且，它就爱遇上那一个。我正在谈论的是这个“一”遇见它自己，意识到它自己，经验着它自己。

这份爱既包括我们与爱联结的那份美好情感，也远远超出美好情感本身。它是深于任何一种经验的爱。你有没有留意到，当真爱升起时，无论你经验过何种品质的爱，它都会将你的头脑与情感打开？那是一份对一切的敞开。意识的小我状态常常关着门。无论是情感上还是智力上，它只要一觉得某个时刻不“对”的时候，就会马上砰地关起门来，而那些不“对”的时刻往往占据了那99%的时间。但是，纯真和爱，哪怕是面对一些非常不愉快的事情，也不会砰地关上门。

留意，你越是忽略你的个体感受，纯真就越多地可以溜进来。你对纯真所知越多，爱就可以更多地探出自己的脑袋去体验生活，活出来，并且更多地进入生命。现在就开始有智慧，是因为这个人是敞开的。智慧加深了，纯真也就加深了。而纯真允许更多的爱存在，而有了更多的爱，就可以给智慧提供更多的空间。它就是这样不断地循环往复的。

爱和纯真的品质使得真正获得解脱性的智慧成为可能。它们不仅仅是你真实本性开花的结果，它们也是使觉醒及其体现成为可能的原因。

谐调

在禅宗里，开悟的其中一个定义就是身与心的谐调。这通常也指精神与物质的谐调。当精神与物质处在和谐中时，就仿佛有第三种存在诞生了——那就是佛学里所称的“中道”。中道与行走在两极中间的想法完全无关。中道是精神与物质的和谐相处，是意识到那个本然的合一。精神与物质并非两种不同的事物，它们是“一”的两面。这也是对我们真实本性的认知。

作为人，我们认同于物质。物质包括精微和粗钝的显化。物质包括任何可触摸、可看见、可感觉、可感知或者可思考的一切。一种情感是物质，情绪也是物质，就像是一具肉身、一辆车或是一块地一样。

物质的本质是精神。物质因精神、生命力而有活力，它们是不可分的。尽管我们可以像谈论两个不同的事物一样谈论它们，但是，如果拿走生命力，物质将不复存在。这并不是说会有死的物质，而是就不会有物质。

自我实现的一部分就是从对物质的认同（显现在人格或“我”上）转向对精神的认同。真正的开悟是当物质与精神和谐统一的时候。我们可以称此和谐为无分别或合一。

当我们意识到我们是精神时，相较于认识到这点之前来说，会有一个更深的和谐，但它之中仍然还是有一些不和谐。因此，这个教导是关于如何体验我们自己，如何在实相面前的每一刻都坦露我们自己的，理解其价值非常有帮助。就像是我们想要把自己晒成古铜色，我们就必须在阳光下坦露我们自己一样。现在要做的，不是穿上衣服，而是把它们脱下。如果我们想要自由，我们就不会给自己穿上种种概念、想法和观点的外衣，我们会把它们脱下。然后，有一些事情就几乎是自动地发生了。为了要加深这份和谐，我们不能紧抓住概念不放，就像是想全身晒出古铜色你就不能穿上任何一件衣服一样。如果那样，我们就不可能得到转化。反之，一旦我们真的赤裸且完全地坦露，我们就能够以一种很自然的方式得到转化或觉醒。

很多年前，我的两个老师之一孔老师（音同），得知我要去山上背包徒步几个月，他教我如何在夜间找到合适的地方过夜。他不是教给我一些要如何做的具体方法。他只是谈了一小会儿，然后，突然间，我意识到我可以直接地感觉到哪种环境对我来说是对的。只有当我们首先能感觉到我们周边的环境，我们才能感觉到在我们的周围，精神与物质是否和谐。那些可以很好地呆在那儿的好环境，它们都会很自然地使我们得到和谐。

那里越是谐调，就越会使我们的内在充满真理或光明。当然，光明无处不在，我们无法从中脱离。但是，在一段时间之内，光明在我们的环境里更密集地出现也会对我们有帮助。有一些支持是很有用的，因为我们可能会失去光明无时无刻不在的感觉。当我们在修行之路上走得更深时，我们会体会到光明无处不在，哪怕它在表面上并不是以一种集中的、强烈而有力的方式出现。我们通过愿意将自己暴露于各种经验及环境中，得以用更强烈的方式来到达这个境界。

在我所举行的每一次闭关中，我可以感觉到闭关会在某个时刻成为一个整体——此前或此后会有一些个体的存在，在那个时刻开始将精神与物质调和到一起。当它契合时，有些人会开心，而有些人会害怕，因为它变得更加强有力了。这份谐调就是人们所说的那个原因，如果你想要醒过来，你需要与觉醒的存在呆在一起。它可以是觉醒的人，也可以是觉醒了的树、觉醒了的山、觉醒了的河流——它可以是任何的环境。如果我们是敏感的，我们可以感觉到环境的觉醒。人类可以或多或少地觉醒，树木、大山、峡谷、山顶或是我们邻近的一个特别的街角也可以如此。当我们是敏感的，我们就可以感觉出这些东西。当我们可以将自己坦露于那个觉醒，坦露于那个让我们的精神与物质谐调的环境中时，它就有助于我们的觉醒。最终，那就是萨尚。那也就是真正的静心。我们敞开着我们自己，而后，很自然地，精神与物质调和了。突然间，它就契合了，你无需做任何事情，你做得越少就会越好。

当我们放松，允许这份自然而然的谐调，对于我们周遭的环境之美，就会有一个更深的觉醒，而同样的，这份美会出现在我们自己的身上。这就是中道，但它不是真的就在中间，它是一个包抄环绕。这个细微的影响可以很强，它是悄无声息的，仿佛水雾渗入石缝中一样，它滑入我们的缝隙，完全不像是拿着个大喇叭来声张自己。

我还记得有一天我与孔老师一起闭关，不知从哪儿我意识到："我知道到底在发生些什么了！"不是我的头脑里知道，而是我的心。那个影响，那个美，开始在我的内在唤醒我，我了解到有些东西是无法言传的，但也是永远都在那里的。当我们坐在那里听孔老师讲话时，有时候我非常有兴趣，就会认真听，而有时候，话题不像是那么有趣，我就不太认真听。而他会说："有时侯讲话很好，有时候讲话并不好。讲话就是这样子的。"有一天，我没有太在意地去听那些话语，它就发生了。我那时候没有胡思乱想，也不是听得多么仔细。突然间，它就像是一缕烟一样，它那份细微的流动被我感觉到了。我知道，"那正是他所做的。它不是关于他所讲的"。我意识到那不是正在发生的——或者说，那只是正在发生的其中一点而已。我记得我坐在那里，面带微笑，想着他有多么的悄无声息（因为某种原因，不是出于他个人的选择，也不是我们在场的任何人的选择)，有一个非常细微却非常普遍的显化发生了。

那份悄然不动的方式，是由于我们认为什么也没有发生，因此我们就不会追逐。所以，我在那天之前，在那次谈话之前都已经错失它了。当我体验到那个细微的源头时，它就在那里闪闪发光。我看到了它并且也感觉到了它，而后，它也同样在我的内在闪耀了，在我的内在它是同一个东西。我开始看到，这个正是我！是我给了万物生命。我感觉到身体与心智、精神还有物质之间的完美又美丽的谐调。它的发生只是通过坦露。我不会称之为真正的觉醒，但它是对觉醒的浅尝：意识到神圣的临在。

魅力可以是非常美的，但是，如果一个老师太有魅力的话，学生容易执著。他们可能会只是看着他的身体，想着："这是多么棒的一个人啊！"他或她可能是一个很棒的人，但这却与一个很棒的人没有关系。我的两个老师中没有一个老师有着很有魅力的个性，我将此视为一份送给我的礼物。我们一旦开始去崇拜魅力或是其他的什么，我们就开始忽略掉那个真正的临在，那个临在可以透过强烈的个性魅力而起作用，也同样可能透过驯良而温和的个性而起作用。它可以通过伟大的魅力而起作用，也可以通过寻常来起作用。我们没有人可以对此起任何作用。它可以透过你的老奶奶来起作用，同样可以透过圣母上师而起作用。

当我们通过这份谐调而意识到我们是谁的时候，我们会怎么做？我们一直不停地在受着煎熬，如果我们停止煎熬，说："我知道了！"精神与物质的和谐瞬间就会顺利地出现。它可以非常快速地被感觉到。就像铃木俊隆经常说的："你在受苦，你有一点贪婪。"你需要持续地臣服，如此，那份和谐才能自我维持。

这就是为什么经文建议我们要和觉醒的存在呆在一起。那个觉醒的存在可以是一个人、一棵树、一个街角。将自己向它们坦露。不要去崇拜它们，不要把它们放在神坛上当偶像。但是，坦露你自己，而校正就会发生；谐调的发生源于他们的意识状态。但是，不要变得太过依赖。你要去试着唤醒你自己。

意识之光不需要去转变头脑，或者转变任何其他的什么。没有必要去改变任何事情，但是，改变确实会发生。因此，师父只是坐着，而一切都会被校正。每一个人都觉得好多了。当然，它不会持续太长时间，因为，如果他们没有在自己的内在看到太阳的话，一旦那个觉醒的意识离开那个环境，每个人又会再次发疯。但是，师父对于这一点也是很淡然的。太阳不会去辩解说它要在哪里发光或是为什么别人要求它发光。觉醒与转化的发生只有在人们真心想要的时候才可能。在那之前，所有的改变的都只是暂时的。没有人可以将一个永久性的觉醒强加于你。

当你开始看到真实的你就是光时，是在你内在醒来的光时，你就会意识到，这光明，无意于改变了你。它无意于做什么谐调，它没有计划，只是一个发生。真理是唯一一件你无需任何计划就可以遇见的东西。其他任何一件事情都会有一个计划，每一件事。这就是为什么真理是如此有力量的原因。放弃你的计划，继续坦露你自己，而谐调就会自然地发生。

自由

有一次，有人问尼萨伽达塔·马哈拉吉，他是怎么开悟的。他说：“我的上师告诉我，我就是一切至高无上的源头，我是至高无上的。我一直沉思着这件事，直到它变成真的，直到我是它。”他还加上一句，“我很幸运，因为我相信上师告诉我的话。”

自由就是意识到这个深深、深深的祥和以及未知就是真实的你。其他一切都是那个未知的延伸，身体只是那个未知的延展，外面的树木是那个未知的时间及形式的延展，思想与感情也是未知在时间里的延展。这整个可见的宇宙，实际上，也只是这个未知——这宁静之山——在时间里的延展。

所以，你真的愿意去看到什么是最根本的地方的意愿，就是到达成熟的真正重要的点。拔除困惑的荒草与你真正地去到真理的根儿上是两回事儿。你们有没有在草地上拨过草？要是只拔掉草尖儿，你会发现它们很快就会再长出来，就好像你从来没有拔过草一样。要清除掉认同也一样。

要从根上清除掉你对那受局限的自我的认同，就得从最根本的地方着手。它的意思是，你必须超越通常只关心如何解决私人问题的方式去看。只看私人的问题，就像是在拔你草地上的草尖儿一样，它们很快又会再冒出来。你或许会在那一天感觉到从麻烦中解脱了一点儿，但是根还在那儿，一点儿也没有被碰触到。不过，拥有一些体验，甚至是清除了问题并且有了很美的洞见，这与你从根上发现真实的自己还是非常不同的。如果你没有真正地去到根部，你有的就只是另一把野草而已。

因此，我们要问："这个叫做'我'的根到底在哪里？"你需要知道它生发出来的根部在哪里，它的创始在哪里。曾经有一个时刻，你本质中的那份纯真无邪、无法形容的着迷以及热爱，开始从它对实相无邪着迷与热爱的状态转为认同于它的所思所想。就在那个从纯真的着迷转向认同的时刻，自由失去了。它有可能是发生在过去的某个时间，但也有可能是发生在现在。每一个片刻里都有着一份对一切实相的纯真及着迷，如它本来的样子。但是，头脑却冒出来说"我的"。"那是我的，那是我的思想，我的问题。"或者，它也许会说出相反的东西，那个思想或问题是"你的"。就在那个点上，所有一切的痛苦及分离的根源都被创化出来。

做真实的你自己，成为你真实的本性，是不同于带着想法去体验的。意识到你就是奥秘的，而你也无法真正看穿这奥秘，因为你只能够透过这奥秘去看。在这个当下，有一种非常觉醒的、活生生的、充满爱意的奥秘，正透过你的双眼来看，而它也正在此刻透过你的耳朵去听。我的建议是，与其想搞明白这一切（其实是不可能的），不如问问："在这双眼睛的背后究竟是什么？"转过身来去看着那正在看的。与那纯粹的奥秘面对面，那个奥秘是纯粹的精神，醒过来，去遇见真实的你自己。

只要我们不对追随概念上瘾的话，那份奥秘总是能够照顾好它自己。这个上瘾会切断你与奥秘的联结。就像你的口袋里有一个珠宝，可你却无法将手伸进口袋里把珠宝拿出来一样。当你很深地了解到你就是那个正在体验它自己的奥秘时，你就会理解一切的发生。无论你称你正体验的是"我"还是"你"，好日子还是糟糕的日子，美的还是丑的，慈悲的还是残酷的——它都仍然是奥秘在体验着它自己，将它自己延展到时间及形式中。这就是一切的发生。

如果这份了解只是存在于你的脑子里，那你只是知道它，但并不能成为它。脑子在说："哦，我知道，我是奥秘。"但是你的身体还是会像没有接收到这个讯息似的去行动。它会说："我还是某某某，我有所有这些焦虑的想法、愿望和欲求。"当我们知道它而成为它时，我们整个的存在都会收到那个讯息。而当整个的存在都收到这个讯息时，它就会像空气从气球里泄出来一样。当所有的这些紧缩、混乱，求这求那的，全都泄出去，就会有一种身体是以这个奥秘的延展的经验的形式出现。然后，身体就会很容易地被这个奥秘——这纯粹的精神——驱使。

想象你，作为这个奥秘，进入一个身体时，一个不同于现在的你的身体，也许是一个有着很多内在冲突的身体，其中有着很多相互对立的愿望、欲求和执著，彼此交战。当你去感觉这个"他人"的身体时，你可以看到它所抓住的概念是不对的。想象一下，你步入这个新的身体，它不知道它是奥秘，而且它真的紧抓着它对自己而言是一个身体的身份不放。现在，你，作为奥秘的存在，想要去调动这个身体。但是，因为这个身体相信它需要被控制，所以它每一步都会与你抗战。每一次当你试图举起你的胳膊时，都会感觉到它正紧绷着；每一次当你张嘴时，都会是结结巴巴。无论什么时候，作为奥秘的你想要去体验美妙时，你必须穿越身体里所有的这些矛盾和抗拒。即使你拥有全世界最良好的意愿，而且所有的能量都会流经你和你的身体，而这个身体面对这个爱的唯一方式就是把它转变成一个冲突。面对这个奥秘的能量，它的回应只会变得如此的僵硬，以至于它几乎无法移动、走路、讲话或是思考。

现在，就是去想象你可以跳出这个身体，而跳进另一个身体，从一个细胞的层面来讲，它都完完全全地知道自己就是那个奥秘。它看起来像是一个身体，而它确实也做身体所做的每一件事情，但是，它并不真正的是一个身体，它知道，自己其实是显化在一个形体里的奥秘。所以，当奥秘步入时，它就像是奶油遇上了奶油："啊，好了，我可以动了。"而你就可以感觉到在这样一种身体里——它知道它是奥秘——会是一种什么状态了。

为了让身体能够完完全全地臣服于它自己的真实本性，它必须要看得很深，看到它是奥秘，并且让所有的自我形象消失。假使它还有任何残留的自我形象，那么它就会开始再次僵硬起来。只要它还有任何的评判，或者它看任何事物都不是看到本质，那它就会僵化，就像是关节生锈了一样。如果它开始担忧明天，那它就会僵硬起来。因此，为了使这个身体明明白白地活在这个奥秘中，它个人的计划就必须完完全全地被消解。

身心不可能因为头脑里想着这是个好主意而消解掉这个计划，但是，当它可以开始越来越彻底地看到，唯一能够实际存在的就只是它（译者注：奥秘）本身，那么它就会自然地发生。这是一个内在的事情。你们可以开始感觉到了吗？没有什么是要去抓住的。没有理由可以让你去抓住。当然，更没有分离。

这就是为什么常说，真相可以让你自由。但是，整个的存在必须意识到真相。它必须明明白白地是那个真相。这就是我所说的只是拔草或摘果子的限制，用一个思想或幻想的信念来代替另一个，"更好"的一个。如果你把自己放在一个自我导向的思想里，那个机制就会变成反向的。即便你想要在那个身体里移动，它也不会动得太好。而它和你置入任何的想法并没有什么关系。它们中的一部分也许可以帮助你运转得容易一点，因为有些想法比另一些想法少一点矛盾，而某些自我形象要比另一些自我形象少一点冲突。如果你将你的自我形象重新界定为更正向一些的，能量可能会转变，但是，它还是不能够从认同中解脱，它还是不可能舞动。身体只有透过看到它真实的本性才可以变得自由。要做到这一点，只有去到根部，而不只是拔掉草尖儿。这意味着醒过来，找到你永恒的本质，而非试着去管理一下你的神经。

万物的天性就是要自我解放。这是个好消息。无论你抓着的是什么，它都会成为自我实现的障碍。所以，当你看上去没有自我解放时，你一定是紧抓着一些呆板的东西——一些想法或回忆。它可以是20年前的一件大事，也可以是昨天发生的一件小事儿。如果你抓着一个身份、想法、意见、评判、指责、受害、罪恶等不放，它就会成为你自我解放之路的障碍。你可以通过消解而非改编这些故事而停止紧抓的做法。

改编也是可以的，但是要消解却是个忌讳。通过给自己讲个故事来编排体验，这是个根深蒂固的习性，仿佛将体验放在一个更好的情境中会对你有帮助。在一些小的方面，它也许有些帮助，但是，从根本上来讲，只有当你完全地消解和解除我们的错误观点时，我们才能从分离的梦境中醒过来。

那个未知，我们真实的本性，拥有这份唤醒自己的能量，只有当你开始爱上了要放下那些你紧紧抓住的头脑的结构才可以。沉思一下这句话：没有任何一个所谓的真实的信念存在。

闪亮的核心

冬天是一年当中很有趣的一段时间。我们有很多神圣的日子都在冬天。它是一个灵性假期集中的季节，像（伊斯兰教的）斋月、（犹太教的）光明节和（基督教的）圣诞节，佛陀的成道日也通常是在这个季节庆祝。冬季是一道神圣的门，也是一个机会。叶子从树上掉落；果实坠入大地；枝丫光秃；万物都回归其最根本的天性。不仅外面的世界如此，内在世界也同样有一份自然的剥离。

冬天也是雨雪的季节。每一年，西尔拉山就变得比以往更瘦削一些。它的一部分被水冲进河流，并回归它的源头，流入湖泊和海洋。

即使是有雷暴，冬天依然是一年中最安静的时间。雷暴之后的安静无法比拟。如果你有幸在一场降雪之后呆在山里，无风的时候，没有东西在动，大雪吸收了一切的声音，你会听到四处都是寂静，你也会知道这寂静是多么有力量。

从真正意义上来讲，自我探寻就是一段由灵性而引发的冬日时光。它不是要去寻找什么正确的答案，甚至也不是去看那个剥离，而是让你看到那不必要的，那些没有它们你照样可以存在的部分，那个没有了那些树叶之后的真实的你。在我们人类来看，我们不称这些为树叶，我们称之为想法、概念、执著和制约。所有的这些都形成你的身份。如果树木将外向地认同于那些树叶，这不是一件可怕的事情吗？毕竟，依附于这些外在的东西而存在是非常脆弱的。

自我探寻，就是将灵性的冬天引向它最积极的层面，将一切剥光，去到它的核心。当我们允许自己被剥光，真正地进入内在的冬天，进入所有的树叶或是从头脑中掉落的思想中去，那时，我们也许会发现，我们深深地坠入了那个所谓的禅中，在那里，我们是先于我们父母出生的那一个。这就是坠入了我们存在的本质之根。

我想，作为人类来讲，我们最大的抗拒莫过于一个灵性的冬天。如果人类不曾抗拒剥光他们的身份，而允许自己去经验冬日时光，那我们早就全部开悟了。如果我们只是让冬日降临在我们身上，便会有一个自然的剥落，那更像是消散一样。当你非常镇定与安静，消散就会自然地发生。如果你不试着去控制任何事，你会感觉到一些特定的思维模式以及能量的品质开始像树叶和雪花一样消散，它是一种非常细微的消散。这就是灵性探寻的目的。问“我是谁？”就是与那个未知的空间在一起，并追问你的所有的信念及假设。对永恒真理的实现会击倒你因所有幻象的存在而产生的虚耗。

当然，人类有能力，而树木没有。如果树木也像人一样，你会看到它们弯下枝头将所有的叶子耙回来紧抓着不放，以求让自己觉得安全。如果你看到树这样做，像处在存在危机里一样紧抓着所有的树叶不放，你会不会觉得很糟？而这恰恰就是我们的姿态，我们捡起自己宝贝的信念和理论，用宝贵的一生去紧抓着它们不放。

有时候，这消散就像是一场强劲的风暴，将叶子从树上扫落下来。你也许有一个很神圣的身份，然后有风吹来——通常是另一个人，那个身份就被扫除了。你可能在想着："我如此开悟，我简直都受不了啦，真是不可思议啊。"然后就会有一阵风吹来，把你这个想法一扫而光。可能会有某位朋友或是一个同事来到你面前说："这在我看来并不是多么开悟。"而你看到它只不过是另一个不必要的身份。如果你没有弯下腰去再把它捡起来，这会是一个神圣的机会。而后，就在它掉落的时候，你会看到你并不需要那个身份，因为它是个幻象，只是一个更难于被丢弃的负荷而已。

回到核心，你真实的自己的根部，并且看透所有你认为自己是这是那的一切，甚至包括你认为最神圣的身份也丢开它好了。当我们一无所有时我们仍然可以生存，而且如此美丽。这个冬日时光最美的礼物就在于它是那无法言说的终极事物，它只能被活出来。冬天实际上是在乞求你放下，并最终放下那个放下。回归到你存在的根，它是如此的自然而然，就让它发生吧。回归到那个无法被界定的状态之中去。

有一首很棒的诗，是某人用以形容他自己的觉醒状态的，这首诗写的是，冬天一棵无枝丫的孤树立于悬崖边。一条裂缝爆开，并一直顺着下去将树皮撕开。想象树或是一段木头被撕裂，而一直见到它的核心。要去看到里面有些什么，你就必须一路撕裂，直至其核心。你会找到什么？你会找到闪光的空无，冬日里全然闪光的空无。想象一下不知从何而来的东西闪闪发光，一直闪闪发光。

当你允许一切都被剥落之后，你就到达了核心，自然地，你就裂开了。在这个核心里，有一颗灵性的心。你揭开的不仅是头脑中闪亮的空性，也是灵性之心中的光明与温暖。当你真的安歇下来，你能够实际地感觉到这闪光的、空空的头脑——不是作为一个想法存在，而是作为你自己的闪光的空性——那个你以及所有人的空无——而存在。你同样会体验到你那闪亮的心中被充盈的感觉，并意识到空并不是空无一物的空，而是心的满盈。当空性觉醒，你会知道它也就是慈悲心。你自己的灵性之心的温暖就会苏醒过来。

有时候，冬天看起来寒冷、孤单而萧索。你也许会发现你自己非常平静、平和，但还是会想："哪里能有些滋味？生活在哪里？"你可以很平静和安宁，甚至在某种程度上可以说是相当的空，但所有的树皮都还是未曾被触及，也没有任何的裂开。而后，你就有一种所谓的空虚的空性。它是完全被保护住的空虚的皮囊。

真正的空性是，当你意识到它远比这个受保护的空要多得多。当树皮剥落，当你去到核心，你看到关于你及他人的一些想法是不实的，看到它们只是一些诡计。你看到你被教育的和接收的东西，就像是穿上一些衣服而后说："这就是我。"当头脑变得闪亮而空无时，它是一个非常有生命力的空无。而当你的心感觉到比情绪更深的时候，它并不是一颗没有感情的，死了的心，而是像冬日里的阳光一样。你有没有在那些冰冻的早晨出门散过步？即使是艳阳高照，外面真的还是很冷，你会想：“在这样一个明亮而晴朗的天气里，怎么会这么冷？”当你从你内在的阳光出发，那儿总是有温暖。那个真实的空性是闪光的、充满活力的。

有时候人们问我：“如果我意识到这个分离的身份并不如我所想的那样存在，那么，谁将要去活这个人生呢？”一旦你触摸到空性的闪亮之心，然后你就会知道是什么在活着这个人生，是那个一直都活在那里的，它也将从这一刻开始一直活下去的。你意识到你并没有活着这个人生，是这颗闪亮的心在活着这个人生，同时还有这个闪亮的空无的头脑。当你放弃去做你曾经认为你是谁的那个你，而允许你去做回真正的你，那么这颗闪亮的心就会开始活出你的人生。然后，空无就变成了你的实相，而无二的觉知就是真实的你。

有一种很棒的方式可以用来思考或解释每一个人的真实本性（也就是所有关于开悟的概念的真实所指），即，当真实的本性生于圆满的觉性之中时，你的头脑就可以尽其所能地敞开。它的意思不是说你的思想念头扩展到了宇宙之中，它的意思是，你的头脑变得如此的敞开以至于没有了边界。你注意到，一旦你抓住一个想法并且相信它，头脑就会为那个想法而封闭起来。所以，头脑的天性是开放的，心的天性也是开放的，对于来到面前的任何东西都是开放的。对于我们天生的制约来说，这听起来是惊人的——头脑和心是自然敞开的，在任何情况下，在任何时间里它们都不知道该如何关上。而同时，你甚至是超越了开放的头脑和心的。万物都包容在真实的你之内。

那个制约性的头脑总是在做上帝的工作，操心着人们在干什么，以及为什么要那么干。但是，这其实不关你的事儿，用不着你来操心。你可以开始行走在你的人生中，带着这份天生的敞开，在任何情况下以及任何时候都保持对实相的敞开。这也是真我一直以来在做的事。当你意识到你的真实本性，它不像你拥有一些很了不起的体验之后而说的那样："好了，世界，我准备好了。"最深刻的体验是，你意识到这个开放的、发光的、空空的头脑以及开放的、发光的心一直都在那里敞开着。它们不需要打开，它们也不是就要打开，敞开一直都在那里。你不再看到二，你看到万物都是一，都在一里面。

人们觉得很易受伤而构筑起防备。但是，构筑防备就像是你行走在满天星斗的夜晚，试着要用一件小小的外套去罩住外面广袤无垠的空间，而那份无垠无限却透过你的手臂和帽子飞将出去。你在这无垠的空间里带着这件傻傻的小小外衣，将自己保护在它里面，想着也许有一天你可以解开纽扣来获得灵性的解放。其实，事情不会是这样的。它更像是有一天你愿意停止认同于那件傻傻的小外套。让你自己从所有限制性的身份中获得自由，并且去拥抱无限。

意识到我们已经是那份正在敞开着的敞开，才会让这个敞开以一种伟大的深度去发生。如果我们继续认同于我们人性的面向，我们就会想："天啊，我正在向某些对我来说太大的东西敞开。"当我们真的放下，而跌入这个开放的静默中，我们就再也无法从中找到任何的终点。它在无始之始就永远地在这里了。在那里，我们的人性会发现一份对于敞开的自己的迎接。因为我们并不是将自己敞开于一个神秘的异类、外族或是异己，而是朝着那个我们本来就是的真实自己而敞开。

如果你在你的内在触及神圣的冬日品质——那份万物归于它最本质形式的品质，你就会发现自己正离开头脑的边际而进入敞开之中。你会不再抗拒冬日，而是当它打开你时，你随顺它，由此，你会开始体验到这份敞开。它可以是一个巨大无比的揭露，巨大无比的解脱，只是回归，回归，回归。要做到这个需要极大的勇气。你会想问："我将会变成谁呢？这些能行吗？"但是，只管回归于本质。当你找到勇气允许你自己回归于本质时，你实际上是回归于你真实的自己的最根部。而这，就是这个冬天要奉献给你的完满。

这就像是你一路回到种子，而只有在那里你看到的这颗种子才包含了整个的真相。当你到达了你自己存在的核心，你会意识到，这颗你打开来看空空如也的种子，饱含着成为万物的潜能。正如树种，这棵树将要成为的一切都包含在这颗种子里了。只有在这个完全的回归里，一个完满的春天才有可能到来。

我所讲的这些不是一些想法，也不是目标或潜在可能。这份敞开实际上是我们每个人的真实核心。停止去等待并放下一切，然后你的真实本性才会实现。当它实现时，活出它来。当这个活出发生时，生命就自发地发生了。而后，终于，在我们人生中我们第一次可以老实而诚恳地说，这是最不可思议的奥秘。它是深不可测的。你不可能了悟它，你只能是它，有意识还是无意识地是它。但是有意识地是它要比无意识地是它要容易得多。你可以因为意识到了你自己而获得自由解脱。

静默

头脑的波涛，
对着静默要求甚多。
但它，却不还嘴，
既不争辩亦不回答。
它是，
每一个念头，
每一种情感，
每一个片刻，
背后隐藏的作者。

静默。

她只说一个词。
这个词就是那个存在。
你无法命名它，
你无法触碰到它，
言语无法形容它。

它无法被了解。

头脑将自己投向静默，
并企求准入。
头脑却无法进入，
它闪光的黑暗，
它纯净而微笑着的，
空无。

头脑用神圣的发问，
来孤注一掷。
而静默依然，
不为其怒火所动。
它一无所求。

一无所求。

但是，你什么也给不了它，
因为，那是你口袋里，
最后的一枚硬币。
你宁愿给它你诸多的要求，
而非你神圣而空空如也的双手。

一切都从对奥秘的庆祝中跃然而出，
但唯有空无进入那神圣的本源，

那静默的实存。
唯有空无因被触碰，而变得神圣，
意识到它自身的神性，
意识到实相，
而无需一个念头相助。
静默是我的秘密。
没有隐藏。
没有隐藏。

——阿迪亚香提

真正的科学与我们意识状态的一切都相关。我想我们都很熟悉这个被我称之为造作的静默的东西，一种死寂般的静默。如果你在一个静心的团体中，你也许体会过一种造作的静默。它是一种来自于头脑的操控式的静默。那是一个假的静默，因为它是被制作出来的，被控制的。真正的静默与任何想要控制、操控你自己或是你的经验的状态无关。所以，不要试着去控制你的头脑。我在这里要讲的是灵性的开悟与自由。

我们被粗钝的意识所包围。这种意识是沉重的、厚实的、稠密的。当你打开电视，大部分时候你遇见的都是粗钝的意识。你去看的大部分电影也有那种粗钝的意识。粗钝的意思是说，在一种梦境的状态里沉睡。

从这种粗钝的意识状态来看，静默看上去像是一个客体。宁静对你而言像是一个发生。但是，那不是真的静默。真的静默是你的真实本性。要说“我是静默的”实际上相当的荒谬。当你去看的时候，不是说你是静默的，而是你就是静默。从概念上来看，也许“我是静默的”与“我是静默”之间的区别并不大，但实际上，这就是束缚与自由、天堂与地狱之间的区别。

不要再去想着静默就是噪音的减少，无论是头脑里的噪音，还是情绪上，或是外在的噪音。只要你将静默视为客体，某个不是你，而是一个也许会发生在你身上的情感经历，那你就是在追逐你自己投射出去的想法。寻找静默就像是坐在一艘摩托艇上，你在湖面上不断地转悠着，去寻找一个平静的地点，在那里一切都是静默的，而你，“呜——呜——”地四处追逐，越来越焦虑，却永远不可能到达那样一个地方。无论你在湖面上跑多久，你永远都无法找到这份静默。实际上，你所需要做的就是，减速，熄火，然后你就到了。那时候，非常的安静，非常的宁静。当你开始变得很具有接受性并允许事情的发生，你就会开始回归你的自然状态，在那里，一直是非常安静的。有接受性就像是减速。那是一种自然状态下的安宁。

很多年前我非常幸运地有了这个发现，不是因为我那时很有智慧，而是来自于绝对的失败。习禅的学生要做大量的静心以及跟随呼吸的练习。对那些看起来是很专注的人而言，经常发生的事情是，你想着你在跟随着你的呼吸，但是你却发现你跟着你的头脑而进入了故事中。这就像是企图训练一只拒绝受训的狗一样。有些人看起来很擅长那种练习。他们保持着自己的注意力呆在那里，并因而变得很安静。而我，正好相反，完全没有能力像那样保持住自己的头脑，所以，我不太擅长。在一次又一次完全的失败之后，我听见我的老师对我说：“你得找到你自己的方法。”于是，我不是把自己封闭在一个狭窄的注意力上，我发现我自己的方法是处在当下，也就是变得完全敞开。这更像是倾听而非专注。

在那个倾听中，我发现一个非常自然的状态，那实际上是唯一没有预谋的一种状态。在那个类似倾听的状态中，我开始看到，任何一个努力的企图，都会创造出另外一种状态。一旦我努力一下，某一种状态就会从那稀薄的空气中被制造出来。我可以制造出美丽的状态、可怕的状态、专注的状态，以及各种各样的状态，但是，唯有一种状态是完全的自然以及绝对毫不费力的。在那个状态里，我发现到达最深的真我的道路，而那就是自由。

由于它最真实的本性是，这个状态一定是与毫不费力相关的。它必须是与不要求去维护相关的。你透过专注而到达的宁静的心（头脑）会终结于沉闷，而不是一颗自由的心[6]，它也许会感觉到宁静，也许会感觉很好，因为它宁静，但它不是自由的心，而在你的存在里，你也不会感觉到自由。这就是你所学的通过专注而得到的宁静的头脑，你对老师说：“是的，我已经找到了平和，但是当我停止静心时，它就一下子掉进地狱里了。”这就是告诉老师你在做着什么样的静心——你是在控制着你的经验。当你起身要去面对你的日子时，你就不得不注意到其他的事情，但这样你就不能够再注意到你的专注力了，因此，你头脑中的平和

---

6 mind包含三层含义：一、通常情况下它是指我们的思想及情绪的总和；二、它指一切大脑的思维活动及各种情绪的心智活动；三、它非常接近于我们中文里所说的“心”，这个心，不是指肉体中的心脏，而是指我们的心智，比如我们常说的“心里想”。为了更接近于中文，译者在翻译中会根据上下文的情况选择性地使用“头脑”、“心智”或“心”，并适时地标明之——译者注。

就消失了，因为它是被制造出来的。

有一半灵性探寻的练习会把你即刻带入到静默中。当你问："我是谁？"如果你是诚实的话，你会注意到它直接在瞬间将你带入静默。大脑没有答案，所以，突然间就只有静默。那个将你带入非造作的静默状态的问题是刻意的，在那里，思考或者对正确的情感经历的寻求失效了。如果你探求"我是谁？"或问"什么是真理？"你就会注意到这些探求即刻把你带回到安静中。如果你抗拒安静的话——大多数人都有着对安静根深蒂固的抗拒，那么只要你一回到安静的状态，就像是把水滴入滚烫的煎锅里一样，头脑会立马跳将起来，四处寻找别的一些什么东西，一些概念性的答案或者形象。

那份自然的、自发的和未被控制的安静实际上是一种全心全意的安静，它丰富而浩瀚。被控制出来的安静是沉闷而狭隘的。当安静不是被控制出来的时，你会感觉到非常的敞开，你变得很有接受性，而你的头脑也不会强迫它自己。你会有一种自然的对真实本性的回归。你真实的本性不是安静的，它是安静本身。它也可以被称作"无人"或"无物"。当你进入真的安静状态时，你已经超越了安静本身。

只要你还在想着安静就是噪音的反面，那就不是真的安静。当你在真实的安静中时，你意识到哪怕你听到电钻声，那还是安静本身——它只是采取了某一种形式。真实的安静绝对是包容的。它超越所有一切关于什么是安静的二元对立的想法。当我们进入定静中，我们发现，定静并非与动态或动作相分离。在你做完静心后，如果你起来，开始进入到白天的思考中："我为什么不保持住这美妙的定静呢？"那是因为你已经体验到的是控制式的定静，而不是自然的，非控制式的定静。只要你是放松地进入真实的定静中，当你起身开始移动的时候，就是定静本身在移动。

当你允许自己回归到你真实的本性时，你不是在要求任何特定的事情发生于这个定静之中。很多次，当人们安静的时候，他们会等待着某些事情发生，而这种等待本身就会使得他们停留在表面，像踩水一样，而不是放下。当你不再去等待任何事情的发生时，会有一种自然的沉潜并深入到你自身存在的本源之中。它是非常安静的，那时候，只有到那时候，你才会开始感觉到临在。在这份安静中，有着非常可触碰的临在。那就是为什么我说这不是一个死寂。你可以感觉到一种活力。它是一种既在你体内又在你体外的临在。它遍布四周。当你在找寻它时，你是在寻找一种粗糙的临在，一种可以撞到你的脑袋的沉重的临在。这是不会发生的。真正的安静是一种光明。你会觉得很亮。会有一个苏醒的觉知，一种很深的活生生的感觉。

当你变得安静时，你让自己放松于当下，放松于你真实的本性中。当这个发生时，你意识到你无法避免自己经验中的任何一部分。如果你寻找安静是为了帮助你避免某些情感，那你是不会体验到真正的安静的。那份赤裸裸的宁静或临在解除了你的武装以至于你无法逃避任何体验、任何活动或任何事情。通过那种麻木式的安静的体验，你也许可以逃避某些事情，但是，在你真实的本性中的那份宁静，让你无法逃开任何一部分经验。它们都在那里，等着。

有很多的故事或灵性的神话被创造出来，而且还将继续永垂不朽下去的是：故事中的人物像是经过一个战场，最终回归到我们真实的本性中，仿佛你里面有些什么东西是不愿意回归于自己那样。这个东西可以叫做小我，或是“我”，或是头脑，而它不想真正的安静。灵性人士对这样的神话很买账，认为他们里面有些东西不想醒过来，而那里面还必须经历一些抗争。当你真正安静时，你可以看到这完全是一派胡言。你可以看到念头完全是从头脑的空无中升起的，只有在你把它当真地接受时，才会开始一场战争。除非你相信它，把它带入到灵性求道者的英雄式的斗争故事中去，否则它不可能是真的。只要你一开始将自己卷入到求道者的斗争中去，你就已经输掉了这场战争。

你将看到，由静默中产生的头脑的种种活动方式，都只不过是念头的运动，它并非实相，除非你真的相信它，它才会变成真的。念头只不过是在意识间移动而已，它们没有力量。什么事情也不可能成真，除非你接近它，紧抓它，并且带着某种信念的力量孕育它。

进入静默的唯一方式就是如它的本意所言。你无法通过带着某些东西而进入，只能是空无一物。你不能做某某人物，而是无名小辈。那时，入口就很容易。但是这空无一物却是我们所能付出的最高的代价。它是我们最神圣的货物。我们要给出我们的想法、我们的信念、我们的心、我们的身体、我们的头脑以及我们的灵魂。那最后一件要给出的东西就是空无。我们紧抓住我们的空无一物，因为它是我们最神圣的货物，而在内在的某处，我们是了解的。我们内在的其他部分只是在撞那并不存在的门。一旦你想要从静默那里得到某些东西，你就再一次从静默里出来了。

静默只会在它自己面前显露自身。只有当我们作为空无一物而进入并且保持那种空无一物的状态时，静默才会开启它的秘密。它的秘密就是它本身。这就是为什么我说所有的话、所有的书、所有的教导以及所有的老师都只能把你带到门口，或许还可以引诱你进去。一旦到达那里，你开始感觉到静默的临在是何等的强大。当这个发生时，有些东西就会自动地升起——那就是无需成为某某而进入的意愿。这就是那个神圣的邀请。在内在，你发现静默是最后，也是最终极的老师，它是最后，也是最终极的教导。它是唯一一个不会对着你讲话的老师。静默是唯一的老师，而那个教导让我们人类一直双膝跪地。如果是任何其他的老师或是教导，我们发现自己都可以站起身来。我们可以想："噢，我听到阿迪亚说了这个那个，而它听起来挺好。"然后，我们发现自己从臣服的地上起身了。我们转身就抛开了我们最神圣又美丽的谦卑。

静默是终极，也是最好的老师，因为存在于静默里的是那份永无止境的迎接，那就是我们人类心灵里最真实的渴望，是让我们可以永远双膝跪地的，对真理的一种奉献。静默是唯一一个一直在那里的教导，也是唯一一个老师。你醒着的每一分钟，你活着的每一分钟，你呼吸的每一分钟，它就在那里。

意识

当意识或精神（spirit）决定要显化为一个物体时，如一棵树、一只松鼠或是一辆车，它不会带来多少问题。然而，当它显化或是努力地要成为具有自我意识的，或是自我觉知的存在时，那就是相当诡异的一件事了。我在说的是人的生命，当意识或精神显化为人时，在这个过程中，意识几乎总是迷失方向。人类天生就是有自我觉知的，但是看起来，为了意识而变得具有自我觉知却几乎总是要以迷失其真实的身份为代价。

意识开始显化，这并不是问题，但是，它开始想要自我觉知，在这个变得拥有自我觉知的过程中，它几乎总是犯下你们所说的错误。那并不是一个在人类的进化中要得到真正的自我觉知时所犯下的小错误。在那个差错中，意识把自己迷失于自己的创造物之中，并且将自己认同于自己的创造物。这个差错被称作人性的制约。

当意识自我遗忘时，它可以犯下各种各样的错误。它几乎总是会犯的头一个错误就是，去认同于它所创造的一切，也就是认同于人类。那就像是让波浪忘记它是属于海洋的一样。它忘记了自己的本源。因此，不是作为整个的海洋，它却认为自己只是海洋表面的波浪，在这个丑恶的幻象中受苦。所以，它对自己的体验也是表面的。当然，它仍然是意识本身，但它却是某种无法想象的肤浅而局限的意识。当它所有的认同都是小小的波浪时，它就创造出了很多的混淆，因为这个身份不是真实的。任何不真实的东西都会自然地导向痛苦，而有痛苦或冲突的唯一原因是无知。身份，在它肇始之时，是一个非常无辜的错误。它开始时是不可思议的无辜，就像很多事情都始于无辜，而当它一路走下去时，其结果却不像是那么无辜了。

这是人类制约的一个很自然的部分。它像是意识在进化发展过程中需要透过人类而经验到的一部分。举例来说，当你想到人的发展时，你就知道你被生下来了，而后，你经过童年阶段，而后是青春期，而后，期望你可以从中走出来，事实上这是很值得怀疑的，你会成为一个成人。你会回头看看说：“呃，当我10岁的时候真是够傻的，而当我17岁的时候我就更蠢了。然后，差不多是在25到45岁之间，我想我才变得聪明起来。”你可能回望过去，而视那些早期的发展阶段为错误，就像是它们不应该发生一样，但是，这会是对事实的一个错误的演绎。因为它们只不过是成长过程中自然的一部分。

从灵性的角度来看，人类的制约，是意识在进化过程中企图通过某一种形式而变得更有觉知的自然的部分。它更容易将自己看作是一种色身，而非色身的本源。当它接受这个错误的认识时，它就会在这个巨大无比的分离的幻象中受苦。从此，像绝大多数人那样，在他们的心里产生了疏离感，哪怕身边被众人围绕，哪怕他们被人爱着，他们也依然会感觉到孤单，因为他们很确信自己是不同的，是与其他的每一个人分离的。

幸运的是，这只是在意识发展过程中的一个小小的差错。人类的制约，就像是它所经历的无数年代一样，那就只是一个小小的差错而已。当某人从这个错误中醒来时，它的意思是，意识从人形中跳脱出来，它跳开，于是这个人成熟到足以超越这个分离的错误，就像是一个小孩子长大成人那样。我们称此人为解脱了的人。

从什么中解脱？意识从错误中解脱，从错误的认同和分离中解脱。意识，或精神，是相当机灵而睿智的。它有很多的东西可资人类使用。在没有觉知的意识的生命形态中，进化是无法加速或减速的，它只能按照自己原有的速度去移动。然而，当人的意识开始变得可以觉知到自身时，它就会构建起一种非常有趣的动力，而这个动力不可能发生在这个星球的任何其他的生命形式中。这个动力是，当意识从分离的幻象中醒过来时，意识可以用一种浩大得多的方式来运用那个形式去唤醒自己。当它醒过来看到这个事实，即它不是波浪，而是作为海洋的存在时，它就可能利用这个波浪去传递这个信息——让其他的波浪开始思考觉醒的可能性。

在人类中，进化可以因为意识的共谋而不可思议地加速。它一旦在一种形式中醒过来，就不再需要等待其他所有形式产生出自然而然的成熟。当一种形式与另一种形式相联时，那个觉醒的意识就会与沉睡的意识相联。现在，沉睡的意识极有可能创造一个觉醒的巨大跳跃。这就是意识在萨尚中所玩的游戏，那就是与它有关的一切。

学生：从上一次的闭关以来，我像是进了一个很难捱的地方。我看到我过去许多年里压抑的痛苦情绪，而它们令人很不愉快。我已经在观照它们，从中学习，并且转化它们。这不太好玩。

阿迪亚香提：这个不是你可以讨价还价的事，对不对?

学生：对。我做了你所建议的，我发现了我其中的一部分绝对知道那是很好的。而我也百分之百地潜入到那份信任之中。我找到了巨大的力量感，并且觉得一切真的是很好，哪怕依然混杂着一些像愤怒与悲痛这样的可怕情绪，但它依然上升着。

现在我处在一个更好的境地，我已经注意到我好像是从那种共时性中出来了。就像是变成了一个尴尬的少年一样，像一个开始变声的男生——有时候朝着这头有时候又向着那头。在过去，我不需要去观察。无论我是早了还是晚了都无关紧要，我总是在最精确的时候到达，而一切都是完美的。当一个情境出现时，我总是可以马上就了解它为什么出现，我需要在那种情况下做些什么，以及如何才能让在场的每一个都能获最大的利，我可以看见完整的事件。

但是，所有的共时性都在逝去，哪怕那个能量和正向的情感以及信任还在。如果你曾经去到过更好的境况，而后一会儿它又开始恶化了，那让人感觉非常痛苦，因为你已经看见它可以是什么样子的，但你现在却不在那里了。有没有一些建议送给那些正在经历成长过程中那尴尬的少年期的人们?

阿迪亚香提：首要的事情是，在这个情境下要有一个清晰的了解。我们可以来到一个非常深入又深刻的意识状态中，它使你感觉到非常美妙和自由，但是，人们也常常会在接下来的时间里犯错误，当共时性或其他一些美妙的体验不再发生时，我们就想着说我们失去了些什么。实际上，它是一个未经检验的特定的解释。

实际的发生与人类发展的不同阶段相似。记住你进入青春期的经验，当你12岁半的时候，你还没完全成为一个青少年，而你真的已经把童年完全抛诸脑后了吗?那些在童年时代非常精彩的事物已经不再来了。那些在过去很有趣的事情现在已经不再让你觉得有趣了，但是，生命中新鲜的享受目前看起来也还不明显。这是个尴尬的阶段，你会犯错误，假如说你还能够称其为错误的话。你可以回望过去的时光，那时候的你倒是有着清晰的理解。并不是说，你感觉你离童年很远，而是你正在长大，不再适合它了。当你渐渐长大时，你就正在离它而去。那是不太舒服的，因为那是你所知道的关于如何活出你自己的生命的方式。而同时，你又还没有完全进入青春期。同样的事情也发生在你从青春期转向成年期的过程中。它可能是不舒服的，但那并没有什么错。当你怀旧时，这些都被看作发展的各个阶段。你从童年和青春期渐渐长大到不再适合它们，而不是你被迫从那里离开。

在灵性上，你也许会到达一些非常精彩的境界，但假如它们不是完全而绝对的真实的话，最终你就会成长到不再适应它们了。要将它们抛诸脑后是不太舒服的，因为那是让你感觉舒服的地方，而新的东西又还没有呈现。往往，那个错误的解释就是，你已经被迫从中离开了，而非你触及了那个你曾经拥有过的现实的极限，尽管它曾经如此的精彩。当你成熟了，就是时候将早期的阶段抛诸脑后了。如果你说那是你被迫离开，而不是因你成熟了才不再适合了，那会使这个离开变得困难得多。这些是完全不同的解释。其一，你是在试图抓住或者回到从前；其二，你越过自己的肩膀往后看，带着一个美好的体验轻轻地告别，意识到有一些更成熟的东西即将到来。

我想这个情境会是有帮助的，因为你可以看到你对你的体验所给出的解释是多么的关键，而你还可以看到头脑因其所受的制约，其给出的解释常常是不对的。一个不正确的解释实际上会创造出更多的痛苦，并且制造出比实际所需多出很多倍的困难。如果你知道那个，那你就会停止紧抓住你曾经有过一次的身后的东西，并对你即将去到的未知产生出更多的兴趣。你将你所有的注意力转向前面。那真的是你所能做的最好的事情，没有比那更好的了。

学生：我想我过去就是在那样做，直到我到一个地方，在那里我看到如此多的负面情绪，我就像是触到了天花板一样。当有许多个月都是那样的时候，是非常难以向前看的。

阿迪亚香提：但是它也并不是向前看。我所说的也不是必需的。对于大多数人来说，当有些负面的东西出现在他们的体验中时，所有的觉知就会像镭射光一样去到那里。打个比方说，你抑郁了。对于大多数人来说，所有的觉知就会去到那个地方，本来是属于很多很多事情的，非常庞大的体验中的一部分，一下子变成了一个问题，因为你的焦点放在了它上面，而它看起来就像是你体验中唯一重要的部分了。那只是因为，尽管它是诸多体验中的一种，头脑却选择了聚焦在它上面，把它变成了像是唯一一件正在发生的事情。

学生：我看到负面的情感只是我自己非常小的一个方面，但是很清楚的是，我以前也从来看不到它们。它们的出现，在它们被意识到之前就被分析过，然后又去到某种被忽略的地方。但它们并没有死，它们还是在那里，只是被压抑了。

然后，在它们被埋藏之前，意识注意到它们。在它们被评判之前，在它们变成无意识之前，它们是一个新的功课，需要被认出。如果那是一个功课的话，你怎样能够让这些艰难的情绪升起而不被它们所掳获呢?

阿迪亚香提：呃，这就像是我们在墙上画黑点一样。这些点也许是一英寸大小的圆点，相互之间相隔三到四英寸，而整个的墙都被这些黑点点所覆盖。当我们走进这个房间的时候，我们首先会看到的就是墙上所有的点点，对吗? “我的天呐，这墙上有这么多的点点！”但是，事实上，它并不是盖满了点点。有比点点更多的白墙在那里。即使是把那些小点点弄得真的很小，像一个针尖那么小，我们仍然会注意到它们，并认为这墙上满是点点。但实际上是有比点点多得多的空间存在的。那些点点只是视线去到的地方而已。

当觉醒开始升起时，所有被压抑的素材开始升起，但有一种倾向就是，觉知开始会与它发生联系。当然，当觉知这样做而非停歇下来看到一切是一个整体的时候，这看起来是相当可怕的。确实，是有很多的东西升起，而你现在觉察到它了，你可以让它升起。它并不意味着你要与所出现的一切事情都建立一个联结。它更像是，当你看到有一些带有点点的墙壁时，就是让你的觉知被带入整个墙壁。变得觉知到墙上有比点点更多的空间。不要忽略那些点点，但也不要忽略那个背景。

学生：我猜想，如果你不聚焦在负面的事情上，就会有一个信任产生，它们会继续被压抑。你必须要信任它是自动的。

阿迪亚香提：对的。你也许会得出一个结论说要去压抑它们，但是，现在，你有意识地看到它们出来，对吗？你所要做的一切就只是去留意到它们——“哦，它们是有意识地在出现的。”那就意味着你不是在压抑。

学生：我不需要一直等到它们消融掉。我不需要看着它们消融掉，我可以留意到它们而后将注意力转向其他的事情，让它们做它们想做的就是了。

阿迪亚香提：对的。然后它将重新变得和谐。但是我们通常所做的却是，当那些被压抑的素材出来的时候就去费力地移开它，想要修理它，或者至少会像是拿着放大镜一样去看着它。

学生：保证你自己看着它直到它走开。

阿迪亚香提：对。因为你假设它不应该在那里，你想要看着它直到它走开，到那时你才会感觉到安全和放松。

学生：我猜，这个假设是，如果我不看着那个负面的东西，它们就会持续地做它们以前做过的事情。我现在百分之百地知道了，那绝对不再是我活着的方式的了。一旦我留意它们，也就可以放下它们了。

阿迪亚香提：是的。重要的是看到被压抑的素材从意识中升起，而那是它该回去的地方。所有的一切都不是永恒的。它是一个完完全全非个人化的活动——那也正是它的美丽之处。当你知道你是有意识的，那就不会再有压抑，而那里也就没有紧抓。就仿佛你是那天空，你既不推开你的云彩，也不抓住它们，以期让它们不离开你。天空有一种天生的能力，可以让自己完全不受他物的影响，哪怕是风暴来临，闪电雷鸣或是地狱之门被打开。那都不太重要，只要天空记得它是天空。

有时，我们极容易犯下天真的错误。就像是在剧院里看着一场电影，突然间，角色们活在现实生活中并且邀请你入戏，而你也进入了电影。它看起来就像是电影中所发生的一切都和你有关，而你确信你就是电影中的角色。然后，由于一些神秘的原因，你醒过来并且突然间意识到："噢！我坐在影院里带着爆米花和可乐，那么我花了那么长时间认为我是在电影里的想法原来是错的。我坐在这里看着电影，我以为它是真的，但它不是。"这与意识所做的工作是很相像的。它投射出一个东西叫做人类，而后就热爱上了它的创造物，并令它迷失了自己。

学生：在我所处的那个位置，我绝对知道自己是在看着电影，而且，如果我不是卡在其中的话，我就要倒大霉了。突然一下，我周围的一切都令我看上去像是在电影里。我知道我坐在位子上，但是自己所有的感官却因为那个"知道"而变得怪怪的。

阿迪亚香提：学习你所感觉到的也是你变得成熟的过程的一部分。你的所想所感会显示出你是谁。

学生：不被信任的。

阿迪亚香提：无论你对你自己有什么想法或感觉，它都与你根本没有什么关系。所以，你就是坚持做你自己——也就是空无。那时，让你感到压抑的素材会升起并在这个过程中保持有意识。不要进入无意识或是一个恍惚的状态，也不要开始进入分析，只是允许那些想要升起的自然升起就好。质疑所有的假设、所有的诠释以及所有的老故事。既不要压抑也不要放纵——就只是定静地探询，并且保持有意识。

不被幻象抓住的一个部分是放弃对我们所想与所感的参照。智慧的一个很大的部分是放弃对下面的念头与感觉的参照。我们都非常愿意放弃负面的，但是，当我们忙着进入极乐、狂喜、喜悦、真正的天启以及所有我们认为很有灵性的情绪时，我们就会告诉自己："那是我。我怎么知道那是我？它必须是我，因为我感觉非常好。我感觉到极乐、狂喜、喜悦。那就是我所知道的我是谁，我是什么，并且那个我是安全的。"但是，你还是在买感觉认知的账。如果你买感觉认知的账，听它告诉你你是谁的话，那么，等到有一天，其他的感觉就会显现它们另外的面孔，也就是那些负面的东西，那只是一个时间早晚的问题，那时候你会说："天呐！我陷入圈套了。"

成熟的一部分是，你意识到你不只是放弃负面的认知，你也放弃正面的认知。你放弃过去一切告诉你你是谁以及你是什么的全部框架。而后，你意识到这个身心的体验——无论它体验到什么，你是那个为它去体验而存在的意识的空间。那个体验到底是什么真的不重要。它就只是这样发生的，我们越是这样做，这个身心就越倾向于反映出这个智慧，而它让你感觉真的很好。但是，当它感觉真的非常美好非常快乐时，你还是有可能落入到认同于那些美好情绪的诱惑之中。只要你被诱惑了，并且认为那些情绪说了关于你的任何事情，那么，你就会再度被抓获到分离感之中，而那也只是早晚的事儿。

头脑想要着陆、附着，或抓住一个概念，但是，唯一让你真正自由的方法是不去附着。对于那些得到过真正启示的灵修人士来说，这也是最艰巨的事情之一，接受臣服的程度需要实实在在地放下所有的体验以及所有的自我参照。即便是在伟大的启示之中，有一个东西还总是想要宣称：“我是这个。”每一次当你宣称“我是这个”的时候，你只是在宣称另一种感知、念头、情绪或是感受。

最终，当你经过这些体验足够多的次数之后，你的头脑会进入更深的一个层次，并且完全地放下它。当你的头脑放下之后，你终究会知道你是谁、你是什么，哪怕你不能够定义它、形容它，甚至说想一想它。你知道它只是因为你就是它。这就是那个对于身份及分离的最终的释然。

学生：你已经谈到关于释放个人的部分，但是，它好像也与静心有关。实际上，当我静心时，我去到一个地方，在那里我还是清醒的，但是，我没有留意任何事情，却马上会说：“我怎么什么也没有留意？”然后，我的头脑就开始转起来。所以，对我来说，知道有那么个地方就是什么念头也没有，这是有帮助的，我就可以尽可能地安住在那里。

阿迪亚香提：你甚至不必安住在那里，因为那实际上正是你已经在的地方。你也许意识到或者没有意识到那一点，但是，此时此刻你是清醒的。你现在就和你在深度静心中一样清醒。那个醒觉或者说觉知，就像你觉知到我现在讲话的声音一样你会觉知到其他任何事情。它是圆满的、完整的，并且它永远不会比它已经是的状态更多出些什么。它已经在那里了。这就是为什么所有真正的灵性老师总是说你已经开悟了，你只是不知道它而已。

因此，问题就来了，我怎么知道？然后，你就必须开始深入地质疑自己那些关于你是谁的假设。我们拥有如此之多的假设，关于我们是谁、我们是什么，但是，当我们质疑这些时，它们很快就会瓦解。然后，我们去一个地方，在那里，我们不知道自己是谁，并且最终我们变得非常确信，我们不知道我们是谁。

你开始看到，你用来定义自己的每一种方式都只是一个概念，也是一个谎言。头脑停止了，因为它没有地方可去了。那个停止，当然，它不是可以被练习的，因为任何对停止的练习都是假的，这个停止的发生源于一个洞见、智慧以及了悟，而不会是别的。它不是一个技术。这就是为什么这是一条智慧之路。当头脑了解了它的局限，它停止了，而那是非常自然的。头脑只有在幻象中受苦时才会不停地运作，想要找到它自己，当它意识到它不可能找到自己时，它就停止了，因为它知道自己什么也做不了了。

当我说头脑停止时，我不一定是指在你的脑袋里再也没有念头来去了，那不是头脑停止的意思。它已经停止演绎实相，而后，你留下来与单纯的未经扭曲的实相在一起。这是一个深刻又解脱的自由。它是卸下了一个巨大负担的自由。你的念头无需在你的脑袋里停止来去。什么也不需要改变。你的头脑所需做的一切就是去看，并且对于“我真的是什么？”感到非常好奇。对于这个问题的沉思将引领你超越你的念头。

如果你现在就问自己一个问题：“我是谁？”你所知道的第一件事是什么？

学生：我真正知道的第一件事？我是我已经给自己的定义。

阿迪亚香提：那个意思是不是说你不知道。

学生：是的。

阿迪亚香提：那么，你知道你不知道。现在，它是一个巨大的启示。它几乎总是被错过，因为每个人真的以为他们知道自己是谁。也许在五分钟之前你还在四处走动，并没有真正去想过你是谁，但是从情感上来说，你却好像相当确信并且也表现出来仿佛你真的知道自己是谁。当一个人可以实实在在地去探询而不是试着去知道，并且说出实情——他不知道——的时候，那是不可思议的重要的。那是一个几乎总是被扫到地毯下的巨大的真相。当你意识到“我不知道我是谁”时，你脚下的整个人生的基础一下子就变得不那么坚实了。

当你来到未知时，你并没有犯下错误。你不应该试图去了解，因为那只会将你带入头脑，进入一个永无止境的循环。真实的解脱是超越头脑的。所以，当你到达这个未知时，你实际上是在解脱之门的边儿上。你所需要做的一切就只是一头扎进你不知道的这个事实中去。我们过着我们的生活，常常有意无意地相当确信我们什么都知道似的——而这就是我们全部的体验。不知道的体验是什么样的？不去知道的真正感觉会是什么样？

学生：我不知道，但是，说我不知道，让我感觉很棒。

阿迪亚香提：好，你只是回答了它。它感觉很棒，对不？如果你没有去听你的头脑在说“噢，不，我需要知道”，并且恐慌，而你直接进入它的感受中，它感觉很好，从一开始就觉得很解脱。不去知道是如此大的一个释然，因为你以为你是谁的那个想法正是你所有问题的起因。它是你所有负担的背负者。现在它所有的一切都存在问题——假如你错了怎么办？单只是这个想法都很令人振奋，是不是？

学生：它使得我都想哭了，它感觉太好了。

阿迪亚香提：好！那就直接去那里。把你的注意力直接放在那里——那就是你要做的一切。“不去知道会是什么样的？哦，它太美妙了。”你不会因为知道而到达知道，你因为不知道而到达知道。深入更深入，直到你如此深入，你离你所知道的一切有100万英里了，它意味着你已经超越了头脑，然后，它会闪现，而你将会知道。

学生：我可能会陷入到对不知道的热爱之中。

阿迪亚香提：就只是安歇于那个不知道之中。它是一个矛盾。你越是安歇于不知道之中，它就意味着你绝不紧抓住头脑，这样你就越是能够直接经验到那个你知道。它像是闪电一样来临。

许多世，我们都是在自由的门前跳舞，我们踮着脚尖在门垫上旋转却永远搞不太清楚我们是谁。只要一击，转动一下那个门把，你就知道了，一切都明了了。就是这么简单。它并不是很难的一件事，但是人们不知道该去哪里寻找它。只要你知道该去哪里，你有勇气去到那里，它就很容易。去到未知，体验未知，并且成为未知。所有的真知觉醒于未知。

深度

到达灵性有两条道路。第一条是最普通的，透过头脑水平的运动。水平运动的意思是，头脑来来回回地累积资讯。就像是头脑来到一面墙前，发现那里写满了东西。这面墙上有着各种各样的教导、练习、要做的事以及不要做的事。通常，头脑只是沿着墙做一个水平的运动，获取和累积更多的资讯。它去到左边，而后它又去到右边，累积资讯、信念、理论，等等。你们有没有遇见拥有这种头脑的人们？他们横穿道路却并不去到墙的任何一端——头脑就是平行地转动并累积资讯。这就是头脑所做的，大多数人都在做着累积资讯、想法、信念等的平行运动，寄希望于那些事能让他们有灵性。但真理不是关乎知识的，它关乎觉醒。

在情绪上，我们也做着同样的事情。我们沿着墙水平移动并累积着体验。我们有普通人的基本体验，有好有坏，然后，当我们进入灵性中冒险时，我们开始有了灵性体验。带着头脑，我们开始想："如果我累积足够多的体验，那将意味着什么？那将把我带到什么地方？"而它会给我们更多的体验，就在头脑做着水平的运动时，它给我们带来更多的知识——不是自由，也不是真理。

所以，头脑、身体以及情绪玩着一个游戏叫累积。它们用一个概念性的知识去评价并反对另一个。"这一块与那一块相比怎么样？那个和这个比又如何？"我们喜欢用我们自己的体验与别人的体验相比较。"你体验到了些什么？噢，我没有体验到那个，但是我体验到了这个，你有没有？""这是我所相信的，你相信什么？"

然后，情绪的身体就会问："是不是这个？这是不是正确的体验呢？我是不是有了那个体验呢？为什么我没有那个体验？"于是身心就开始累积更多的事去做，更多的技巧，更多这个，更多那个。

头脑与身体喜欢跟随旧模式，做水平的运动，累积事实、教导、老师、信念以及体验。这是绝大多数人过生活的主导方式，水平的，而非垂直的。然后，他们把这种运动带入他们的灵性生活之中。但是，无论你累积了多少水平的知识或体验，那都不重要，更多的资讯并不会让你更深刻。

现在，在这个当下，你可能意识到，你真的无法从我的话语中获得任何东西，无论你的头脑吸收或累积了多少知识，它们都不能够给你带来更深的深度。没有，零，什么也没有。它只会给你更多水平的运动，它会给你更多的知识。也许那是你想要的，也许不是。但是，一旦你意识到头脑的局限，头脑中的束缚就会被解除了，因为它能做的实在太少。

有一个邀请是要让你越过知识之墙的，那不是要让你回到头脑运作之前的状态，而是一个越过头脑将要去往之处的超越的状态。那就是真正的灵性。它将去到的地方头脑无法到达。

试着想象一下你来到一堵墙前面，那里正好有一道门。你打开门，穿过这堵墙。现在，你想要进入更深的话，就必须将那堵墙置于身后。如果你返身回来，一只手抓着墙而试图让你的脚行走的话，那你将走不了多远。所以，当你真正地想要有深度——超越性的深度，你要面对的是要还是不要放下头脑。头脑说的是："我将放下一点点，但是我要为我的旅程塞进很多的知识到口袋里。在那条路上我有可能会需要我的概念。"它会开始问很多的问题："这安全吗？这明智吗？我会不会很蠢啊？"就仿佛所有的智慧都容纳于对知识的收藏中。当人们要完完全全地放下他们对知识的累积时，无论是精神上还是心理上，人们都容易变得非常没有安全感。

头脑无法领会有一种真实的智慧、一种超越性的智慧，它不是思想或概念性的理解的产物或结果。它无法领会有一种智慧，它不是以思想的形式，也不是以获取或累积知识的形式而来到你的面前。

真实的对灵性的急切与渴求总是超越头脑的一个邀请。这就是为什么人们总是说，如果你去到上帝面前，你要赤裸裸地去，否则的话，你压根就别去。对于每个人来说都是同样的。要么就不带任何你累积的知识而去，要么你就永远也不可能前去。所以，一个智慧的头脑会意识到它自己的局限，而当它意识到的时候就是一个很美好的时刻。

当你停止紧抓住你所有的知识时，那么，你就开始进入存在的不同状态了。你开始进入了另一个向度。你进入了一个向度，在那里，你内在的体验变得非常安静。头脑也许还在那里，像一个背景一样喋喋不休，也许不是，但是，意识已经不再被头脑所烦扰了。你无需打断它，你的觉知就只是经过知识之墙，而进入一个非常安静的状态。

在这份安静中，你意识到你什么也不知道，只是因为，你不再回望头脑所获得的那些知识。这份安静对于头脑来讲是一个奥秘。这是一个未知。当你进入深处时，你确实会进入一个更深的体验之中，它看起来很像是一个伟大的奥秘。现在，头脑也许会跑进来，想要知道发生了什么，并且开始给一切下定义，但是，那不会带来任何的深度。如果你允许，如果你放下控制，那份奥秘将会继续展开它自己。

一旦你将自己所获得的知识抛诸脑后，你会发现你将你所熟悉的自我感也抛诸脑后了。自我只存在于知识与体验的累积之中。当你将它抛诸脑后时，有意思的事情就发生了，因为你确实将你的记忆抛诸脑后了。你抛下了你过去所认为的你是谁，你认为的你父母是谁，以及其他任何的你以为以及你所相信的事情都被抛下了。昨日已逝。而后，你开始留意到一件非常有意思的事情：你可以将所有的一切都抛下，但你仍然是——此时此地。所以，你是谁这个问题就变得越发奥妙了。

当你意识到你可以将每一个自我定义都抛下而你仍然是——然后，你开始看到这些思想一定不是真实的你。换言之，当你不在想着你自己存在时，你是谁？当你放弃所有的思想时，你是谁？这些思想甚至包括那些你不应该去质疑的部分，诸如：“我是一个人，我是一个女人或我是一个男人。我是某某某的女儿或儿子。”你开始看到，当你不再想着自己存在时，那曾经以为的你已经实实在在地不再存在了。如果这个“你”可以像那样子地消失，也可以如你所想重新出现，那么它到底有多真实呢?

在那个认出的当下，你已经开始朝着超越知识之墙而移动了。然后，如果你不再重新定义这个当下，或者将它放入到某个概念的盒子里，再次想着你自己存在，那么，你真实的存在状态就开始显现出来。真实的你开始觉醒。这个真实的“我是”是如此不可思议的空无。它完全不是你过去所认为的你是谁的任何东西。它没有局限，也没有定义。任何的定义对于真实的你来说都会是一个损害，它所留下的就只是意识，甚至什么也不是，因为那只是一个词语而已。

当你看到真实的你是谁时，再也没有任何概念适用了。你是如此空无，只有意识存在。没有内在孩童，也没有成人。你任何的身份都不复存在，除非你想它们存在。意识可以向下看，看到那里有一具身体，但是，那也不是任何人问题的来源。问题是你稍后加诸于自己头脑之中的东西。

在这份空性中，你开始品尝到存在的体验。这个存在先于你是某事或某人。而这份存在的奥秘就是觉醒与活着。它是唯一不需要头脑将它变现为存在的东西。在这份觉醒中，你根本就不必去思考。关于你的一切都改变了，除了意识这一个事实。身体改变了，头脑改变了，思想改变了——比大多数人想要的快得多。而无论你获取了多少知识，那个知识都不会把你更快地带到这里。存在是持续不断的，它永远都是清醒的。

现在说到头脑了，如果你回到那些知识里，它里面有着各种各样关于你真实的本性必须是什么样的想法，因为你读过太多关于它的东西了，也听到很多的灵性导师谈起过它，而关于真理，有着一整套的神秘的神话在那里。当然，认识到那些什么都不是的时候，是很令人震惊的。无论你认为你是什么，都不是对的。哪怕你的概念非常灵性、神秘，而超现实的是，你不是那个概念。

放下积累的知识会帮助我们的身份由“我自己”向“无我”的真我转变。当这个发生时，它就叫灵性的觉醒。但是，这并不是说你不能够运用你的知识。当你需要知识的时候，它还在那里。你可以再次沉入其中以便知道如何操作你的电脑，以及各种各样其他有用的事情。你什么也没有失去，除了你的假身份之外。你不是变成了一个傻瓜。你不会因为你意识到自己不再是曾经认为的那个你而忘掉怎样去系鞋带。但是，头脑是害怕这一点的。自我实现最大的障碍就是你对于它的想法，想法会创造出觉醒状态的形象出来，而那些形象只属于累积的知识。无论你的真我有多少形象，那个形象都不可能是真理。当你看到这个，它就变得非常容易，你可以认出当下是什么。只是此时此地——永恒的意识，纯粹的精神。

一旦你深刻地认识到这个，不是用你的头脑或是透过逻辑演绎，而是透过直接的觉醒，那么，其他的一切都变得相当简单。一旦你那概念性知识的世界被置于正确的位置，它就被超越了。你看到你作为永恒的意识现在显像为一个女人或男人，这样或那样的性格。但是，就像是每一个好演员一样，你知道你不是自己所显像出来的那一个。存在的一切都是意识的显像，是神的显像，或真我的显像，或精神的显像。佛陀称之为无我。当那一个被看见，你就看见了整体。只有唯一的神。那是一切万有：神显像为一块地板，一个人，一面墙，一把椅子。

没有知识，也没有对那真理的表白可以触及那个永恒、那个真实的你。也没有一个关于如何到达那里的表白是真实的，因为帮助一个人到达那里的努力，并不会让另一个人也到达那里。一个喜欢寻找一条真实道路的头脑是无法找到它的。当然，头脑不喜欢那样。“道路不对？最终的什么也不可说不可读，那么，最后，还是真实的吗？这个最开悟的人无法说出那个真理？”

不。那绝对不成，也永远不可能完成。你能够做的唯一的事情是，在墙上画一个指向标说：“看那条路。”错误的灵性的箭头就是指着那堵墙说：“看这条路。”真实的箭头是那个超越概念之墙的箭头。

指向标可以或多或少的真实，无论那个指向标说些什么，无论它说如何去到那里，它都没有说出任何超越的东西。什么也没有。因为，只要你超越了，只要你成了真正的你，任何东西也替代不了了。那就是为什么那么多伟大的灵性导师们已经说过的，没有什么是要去知道的。为了自由，为了开悟，绝对没有任何事情是要去知道的，而只要你以为你知道些什么，那就没有开悟。一旦你绝对地知道了你什么也不知道，并且绝对没有什么东西是要去知道的，那个状态就叫开悟，因为所有的一切就只是存在。当有一个合一时，谁又是那个想要去知道的一个呢？那一个只知道，“我是那个，我是这个”。就像《圣经》中所说：“我是我所是。”这是真实的开悟的知识。所有其他的知识都是二手的。

为了一个特定的方法或目的而运用知识是有着严格意义上的实用性的。当你开始看到这一点，你就会停止在你所知道的一切之中去寻求真理了。相反，你在真实的你之中去寻求真理，因为，当你找出你是什么之时，你也同样在其他一切之中找到它们是什么。一切都是一。你看到没有东西要去知道，而你探询的焦点也从思想转向存在。

每一个人都有过从头脑中突破的超越性的智慧。当你的大脑被一个问题缠绕很长一段时间后，不知为何，你停止了挣扎，并且你突然间有了一种感觉："啊哈！就是它！"那个是从哪儿来的？智慧突破了。它可以真的是一件非常非常小的事情，日常的小事。它可能以一个"啊哈！"而进入头脑中，但是，它不是思想的产物。它从其他地方来，从存在而来。所以，存在有着伟大的智慧。它令人震惊，因为我们不习惯从智慧中运作，它看起来像是只会时不时地突破一下。但实际上，你的存在一直都是以这种方式在运作的。

很多事情都是相对真实的，从头脑中升起的东西也不是绝对真实的。对于头脑来说，可以松一口气的是，当它不再挣扎时，你整个的方向，从灵性上而言，就开始从知道转向存在了。

小我

灵性中堕落的家伙叫小我[7]。由于我们无法因自己人生中所发生的一切而指责他人，我们就制造出这个叫小我的想法来承受指责。这就创造了一大堆的困惑，因为小我并不真实存在。它只是一个想法，一个运动的标签，在那个运动中，我们对自己的感觉产生出一种执著。

当我们考虑到小我只是一个想法，而并不真正地存在时，我们可以看到很多灵修人士正在很不公平地指责着它，或者想要去除它。他们误解了从他们内在所升起的某些东西——也许是一个想法、一种情感、一点成见，或是某个受苦的时刻——那些都是小我的证明，以为由于它升起了，所以，小我是存在的。他们认

7　英文中的ego这个词，有很多种译法，有的译作自我，有的译作假我，有的译作小我，但是self也常常被译作“自我”，在本书中，我选择“小我”这种译法，从意义上来看，它非常接近于佛学中所说的“我执”——译者注。

为他们拥有小我，因为所有的这些事情都指向它。我们所能够找到的都只是那个小我存在的证明或证据，但是，我们却从来没有发现那个东西本身。

当我要求某人去找寻小我时，他或她无法真正找到它。它不在那里。一个愤怒的想法或情绪会触发那个信念："哦，我要去除它——那是我的小我。"就像是人类所发生的每一件事一样，尤其是这个人对于灵性感兴趣时，人们就习惯于证明小我的存在并认为它必须要被铲除。但是，却没有人能够找到它。我还不得不找人让我看看那个小我。我看到很多的想法、情感和情绪。我已经观察到一些关于愤怒、喜悦、抑郁以及极乐的表达，但是，我还没有看到一个人给我展示过小我。

许多人给我展示一个假设，那就是，因为所有这些事情的存在，在他们里面就必须有一个堕落的家伙，某人或某物要受到指责。这是对于小我的普遍理解。但是，那并不是小我。事情有时候就是如它们所显现的那样简单。有时候，一个想法就只是一个想法，一个情感就只是一个情感，一个行动就只是一个行动，那里并没有小我。现在，那个存在的小我，假如说真有什么小我的话，它是不是一个小我在那里的想法呢？但是，没有证据显示小我到底是不是存在。一切都是自发地升起的，而假如真有什么小我存在的话，它就只是头脑的一个特定的运动，它说："它是我的。"

现在，"它是我的"这个想法通常是跟随着一个想法或情绪而升起。它也许是，"我觉得困惑——它是我的"，或者，"我觉得嫉妒——它是我的"，或者在对升起的无论什么样的经验的回应中感觉到，"它属于我"。一个人认为有一个小我在那里，并认为是小我导致了这个想法、情感或困惑。但是，每一次我们直接回去找那个小我时，我们才发现它并不是先于想法而存在的，它只是跟随其后的。它是对一个事件，或是一个被给予的想法或情绪的解释。它是那个事实之后的假设——“它是我的”。小我也是在另一个事实之后才解释说“它不是我的”，这是我们对于一个想法或是一种情感的抗拒。很容易看到的是，如此一个位置提示着有一个人在那里，而它并不属于他。那不是二元对立的世界。它是我的想法，我的困惑，不管它是什么，或者它不是我的想法，不是我的困惑，不是我的。这两者都是运动，或者说是对“如是实相”的解释。小我仅仅是这个解释，头脑的运动，而那也是为什么没人能够找到它的原因。它就像是一个幽灵。它只是一个特定头脑的受限的运动而已。

从童年早期开始，我们被给予了一些信息，诸如：你很漂亮，你很聪明，你考了一个好分数，所以，你很好，或者你没有考到好分数，所以你不够好。很快，这个孩子就相信它了，感觉到它，并且拥有这份情绪，仿佛那是“我”的本质。同样的方式，某人可以有一个想法，而非常快地，他或她就会开始感觉到那个想法。如果他想着快乐、晴朗的一天，很快他的身体就会开始有了那个调调，感觉到那并不存在的东西。所以，当然，当某人被告诉说要去除小我时，这就会变得相当困难，因为，是谁要去除小我呢？什么在试着去除小我呢？它是如何维系自身，又想着自己必须要对自己做些什么的呢？

小我是一个运动。它是一个动词。它不是静止的某物。它是总在试图要成为什么的头脑之后的运动。换言之，小我总是在路上。它们在心理的路上，灵性的路上，在去往得到更多的钱或更好的车的路上。那个“我”的感觉一直在成长，一直在运动，一直想达成；或者它做着相反的事情——向后移动、拒绝、否定。所以，为了让这个动词继续下去，就必须运动。我们必须要向前或者向后走，靠近或者远离。我们要有一个人去指责，而那通常是咱们自己。我们必须要到达某处，否则的话，我们就不能有成就。所以，这个动词——让我叫它“正小我着”——如果我们不在成为什么的话，它是无法运作的。一旦动词停止了，它就不再是一个动词。一旦你停止跑步，就没有一个东西叫跑步——它没了，什么也没有发生。这个小我感必须持续运动，因为，一旦它停止，它就消失，就像是当你的脚步一停止，跑步就消失了。

当我们真的让它进来或者开始去看到没有小我，只有“正小我着”之后，我们才开始看到小我真的是什么样。对于那个总是要去追求或是从某事中逃离的冲动，它会产生一个自然的中止。这个中止需要发生得很轻柔也很自然，因为，如果我们试图去中止，那么，它又会变成一个运动。只要我们还试着去做一些我们认为可以去除小我之类的正确的灵性的事情时，我们就会让它更持久地存在。看到这是同样的“正小我着”，会让我们无需努力地中止它。

你可以发现100棵橡树，每一棵都有着不同的个性，但却没有小我。所以，对于停止那个叫小我的动词，与个性的中止毫无关系。它与我们可以辨认出的任何东西都没有关系：不是一个想法，不是一种情感，也不是小我。如果说为了让我们自由，我们不得不停下来或者说这个世界不得不停下来，那我们就会处在巨大的麻烦中。是那个要成为的运动，那个朝着某事物移动或是远离某事物的运动停止了。

当这个作为动词的小我被允许停下来时，存在的另一个向度就开始敞开了。只是通过观察，我们开始可以看到升起的事情中没有一个小我或说“我”的天性。一个念头升起就只是一个念头升起。如果有一种情感升起，其中也没有“我”的天性或是自我的天性。如果困惑升起，于那个升起中也没有“我”的天性。只是透过观察，我们看到，一切都只是自发地升起，而其中没有一件事情拥有着附着的“我”的本性。小我的本性只是随着后念而来。

一旦那个后念被相信了，那么我们就会有一个完整的世界观发生——“我是生气的；我是困惑的；我是焦虑的；我这么开心；我是抑郁的；我没有开悟；”或者，更糟，“我开悟了”。突然间，这个“我的想法”开始给我们所见、所做以及所经验的每件事情着色了，人们认为灵性是一种改变后的状态，但是，错觉就在于这个改变的状态。灵性是关于醒过来，不是关于什么状态的。

我的老师有一次告诉我：“如果你等着头脑停下来，那你就要永远等下去。”我突然间不得不重新思考我这个要开悟的道路了。我过去很长时间都试着想要中止我的头脑，而现在，我知道我不得不去找另外一种行动的路线了。

“叫停”的灵性指引不是针对头脑、情感或个性的，它是针对那个后念而说的，那个后念要么邀功要么指责说：“它是我的。”停！这个地方才是叫停的教导所瞄准的。停止那样。而后，在那个当下，去感觉自我感是如何被解除的。当自我感被解除之后，它不知道该做些什么，要向前走还是向后退，向左还是向右。这种停止是很重要的。休息只是一个游戏。然后，在那个停止中，存在的一个不同状态、一种未分裂的状态开始浮现。为什么？因为我们不再与自己争吵。

头脑听到这些话也许会问："什么是未分裂的存在状态？"那将错过当下的发生。一个人感觉到存在的未分裂状态，它无法从一些抽象或概念性的领域里找到，因为那个领域本身就是分裂的状态。我们触碰到那个未分裂的状态就是当我们允许自己被解除的时候，当我们不再试着证明或是抗拒任何东西的时候，我们就是不带任何抗拒地呆在那个被解除的状态中了。当你确实地在你的身体里或超越你的身体而升起一个状态，那你的身体就不再与它自己抗争了。头脑也许在想着某些念头，也许没有，但是，那些念头也不再彼此交战了。变得对你自己真实的本性好奇，对你真的是什么而好奇，因为好奇将你向未分裂的状态敞开。从那个未分裂的状态中，你首先能意识到的第一件事情就是，你不知道自己是什么。在此之前，当你知道你是什么的时候，你是分裂的——无休止地分裂。从这里开始，它没有分裂，这里没有粗重的、严格的、受限的自我感。你变成了一个奥秘。

分裂很容易使人找到自我感。举例来说，如果我们很愤怒，那么它就在那里。但是，当那只是愤怒，而没有对它的认同时，哪怕是愤怒也会突然间自我展开。它是一个能量，自己会升起与消散。而后，我是什么？如果它不是"我的"愤怒，如果"我是"那没有分裂的一个——我是什么？

允许存在的奥秘以一种经验式的方式去展开。宁愿以存在的方式开始而非以思考的方式。当奥秘展开时，我们只是处在这个当下的觉知中就会变得越来越光明。然后，身份感开始发生转变，开始从那个通过幻象以及内在冲突的自我定义中移开。头脑发现自己不再有一钩子要钩在一个身份上，而身份也开始在开放中自我瓦解。很奥妙也很矛盾的是，身份越是自我瓦解，我们就越是感觉到生命力以及自己的临在。自我感变得像糖溶解入水一样，直到它像是没有一个自己存在一样，而我们还依然存在。佛陀也许说过："所有的糖都化了——没有我。"罗摩纳大仙（Ramana Mahashi）也许说过："糖融入了水，所以，水和糖是一个东西——那里只有真我。"

从不存在的小我那里获得的终极自由是，发现小我实际上是不相干的。只要被认为是相干的，你就继续在"成为"这个小我。这个世界上所有好的意愿就只是在给它加油。"我每天正越来越多地去除着我自己，而终有一天，我会完全地根除自我，并且绝对不再有小我了。"这对你来说如何？它是小我。但是，当这个我在自己的某个洞见中看到它是不相干的时，游戏就结束了。这就像是一个人独自在玩，他却始终想着他的人生就是要赢得这场游戏，当他突然间明确地感知到那是不相干的——它无关紧要，他可以继续玩下去，也可以暂时离开去吃一个三明治。其实，这个人生不是关于赢的灵性游戏的，它是关于从这个游戏中醒过来的。

在我们里面还有另外一个部分叫"制约"。这不是小我。制约就是制约，它不是小我的制约。制约像是在头脑的计算机里植入了一个程序。当程序被植入时，并不是说计算机有了一个小我，它只是暂时性地被约束了。当我们长大成人时，我们的身心就完完全全地被约束住了。那个制约被指责为小我，但是制约并不是从小我中来的。小我是那个后念，这个后念是从制约中醒过来时升起的，那才是所有真正的暴力所发生的地方。

当它被看到时，制约就像是一种被基因密码、社会、父母、老师、上师们提供的程序（头脑同样也会开始约束它自己，但那是另外一个故事），然后，我们开始认出那个制约并没有带着自己。头脑害怕看到这一点，因为如果制约是不带着任何自我成分的，那就没有人可以指责了。当我们把一张碟片放入到一台计算机里时，我们去指责我们自己、任何其他人，或者去指责我们的计算机没有用。看看在当下这个片刻有些什么样的制约在那里，你也将看到那里没有什么是要被指责的。它是存在的一部分。如果在我们的身体里没有任何制约或是程序的植入，那我们会停止呼吸，大脑会变成糨糊，不再有智慧——那就是制约。

让制约顽强地固守在我们里面的，是我们把它解释成“我的”。然后，当然，就有一个对自己或他人的指责，并且有一种想要去除制约的企图，因为我们相信，“我创造了它”，“我没有创造它”，或是“我无法去除它”，而且，头脑不喜欢那个。头脑被蒙骗了，想着它可以去除制约，但是当真相进入时，一个人就会变得越来越不容易分裂。当制约升起时，如果它不宣称那是“我的”，你的内在就会升起一种未分裂的状态。这可以被称为一种未被制约的存在状态。当制约遇见了一个未分裂的状态时，会有一个炼金术般的转化，一个神圣的奇迹。

当某种东西升起，人们通常会有这样一种体验，“这是我”或者“我被掩盖了，那不是我”。这两者都是头脑的运动，或者后念的运动，它就是我们所知较多的小我。但是，当这个未分裂的状态出现时，可能会发生两件事情。第一件可能是我们觉醒于自己真实的本性，也就是这个未分裂的状态，这个未分裂的存在。第二件可能发生的事情是，那个制约，那个由于我们的无明而无辜地传递下来的困惑，可以重新统一它自己。当制约在一个处在未分裂状态的人心中升起时，他或她既不感觉自己对它有所有权也不否认它，那么，就会有一个神圣的炼金般的过程产生，通过这个过程，那个制约完全可以自己重新统一自己。就像是水中的泥沙一样，那个制约就只会自然地下沉。它像是一个自然的奇迹。

这个过程可能是非常精细的，因为如果那里有最细微的所有权或是对所有权最细微的否认，这个过程就会从某种程度上完蛋了。它要求我们内在的柔软与敞开，因为这个未分裂的状态是非常柔软的，我们不能像拿着一把大锤找钉子一样地去找它。这也是灵性导师强调谦卑的原因，它帮助我们以一种温柔而谦虚的方式进入存在的真相之中。我们不能够攻占天堂之门。相反，我们必须允许自己被解除得越来越彻底。然后，存在的纯粹意识就变得越来越光明，而我们会意识到我们是谁。这份光明就是真实的我们。

当它变得非常光明时，我们就可以看到自己就是这光明，这光芒，而后，我们开始从我们自己的体验中意识到一个人的投生到底是为了什么。这份光明会为它自己而回来，为每一点困惑而回来，为它所有的苦痛而回来。我们试着要远离的每一样东西，这神圣的真我都会为之投生回来。这光明的真我开始发现它真实的本性，并且想要完全地解放它自己，享受它自己，并且真正地爱上它自己的方方面面。那个真实的神圣的爱是对“如是实相”的爱，不是对“应该是什么样子”的爱。这个爱也解放了如是实相。

所有人的真心里都充满对实相的爱。那就是为什么我们都不能够从自己的任何一部分中逃开的原因。这不是因为我们是一场灾难，而是因为我们是有意识的，并且我们返回来投生到这一世是为了我们所有的人。无论我们有多么迷惑，我们都会返回到自己的每一个部分，那些被排除在游戏之外的部分。这就是真正的慈悲与爱的投生。很长时间以来，灵性的传统都在说，你必须要死过很多次才能学会去爱。但是，那是一个迷思。真相是，爱才能让人真正地解脱。

爱

每个人都对歌曲中、诗歌中、广告里以及高中生的浪漫里所说的爱很熟悉。这种爱是美丽的，但我要说的爱是在它的本质层面，在它最深奥的感觉层面。爱是真理的一个重要面向。没有爱，就没有真理。没有真理，就没有爱。

任何一个人，如果他足够幸运地体会过非常深刻而饱满的爱的话，他就会知道，爱可以超越所有的体验以及情绪。如果你已经经验过这种爱，你知道它的存在，哪怕你处在一种不被称为爱的情感状态中。如果它不是真爱的话，一旦你从那个情感状态中出来，你就会意识到你所拥有的只是那个情感，那时的你就像是一辆车没有了汽油一样。那不是真正的爱，最深沉的爱，爱的根基。当你真正地爱着，你知道爱可以超越一切的经验。举例来说，一个母亲爱着她的孩子，哪怕这个孩子要把她气得发疯了，她也知道哪怕是当她生气，她处在一个艰难时刻时，还是有爱在。如果你爱过一个朋友，即便是在一个艰难的时刻，你知道那里还是有爱的。最深最深的关心也会超越你其他所有的经验。

当然，有很多种不同的爱的表达。但是，当你所指的是真爱的任何体验的话，你知道爱的存在，哪怕在没有那个体验的情况下也一样。每一次当你给它命名，或者说“爱就是这样的”或“这就是爱的感觉”，你会注意到在那个定义不在的情况下它同样存在。你不可能用你的双手环抱着它说：“这就是真正的爱。”因为它超越了现实的存在。它有点像是一个自我。它无法被找到。所以，你也许会说：“我无法找到一个自我，所以一定没有。”可是，还是有些什么东西醒着、闪着光，并且是有意识的，哪怕那个东西闪耀着空无一物的光芒。

同样，真理中爱的面向常常也会出现在真理出现的地方。这个爱超越情绪的潮起潮落，它是一个总是敞开的爱。如果你收回你的敞开，那么爱就死了，真理就死了。这爱促使我们去以某种无言的方式与它深深地联结，而它的发生是在我们真正地开放、真正地敞开的时候。话语既不能加强它也无法夺走它。当我们将注意力转向那个无言时，它就在那里。当那个联结存在，某些美好的、亲密的事情就发生了。当我们向着这种无言的方式敞开时，我们就会感觉到仿佛敞开遇见了敞开。

当你们知道这个时，你们所有的人都至少有过一次的体验，但是，为了无论什么样的原因，为了另外的计谋，你们对那个敞开有所保留。某些事情来了，而你们就去“剪断”！而后，那个联结就完了，再然后，谎言就开始说出来了。当你与那个无言的层面失去联结的时候，那就像是你已经说的："我就要开始说谎，讲些不真实的东西了。"当你切断心中之爱时，是非常容易去撒谎的。如果你呆在与心的联结里，要说谎或者只说一半的真相是非常困难的。如果你拒绝与爱失去联结，那么，你所拥有的每一个关系都会被完全地转化，甚至是你与自己的关系。

这也许听起来有些奇怪，因为你曾经被教导说，那种爱的联结要为了某些特定的时刻、特定的人，在特定的场合而保留着。毫无分别地与人联结是一种禁忌。你也许这样想过："我会为你、你，还有你留着它，但是与你们其他人也保持联结的话就相当恐怖了。"但是，这就是那个觉醒，这份爱超越所有的描述，当你知道它是一种深深的联结和深深的合一时，这爱就是无分别的。它不知道如何让自己时开时关。那个开关只在头脑里面。这份爱永远都是开着的。它同样爱着圣人和罪人。那是真正的爱。假的爱就是："我爱你多过我爱其他人，因为你比其他人都更适合于我那小小的扭曲的世界观。"

真爱是真理的同义词。它与真理没有差别。它不是那种将要和一个完美的人一起去毕业舞会式的爱。当然，那也很好，但是，这是不同的东西。这份最深层的爱的本质是不会让人坠入或摔出的。爱是句号。它会爱着你所不喜欢的那些人。这个不是因为我们发展出它来或者说我们变得神圣了、高贵了或者像个圣人了。那些与我所谈论的爱毫无关联。这份爱是一个深深的、简单地认出，有些东西本能地知道并且遇见了它自己，在你的每一次体验、在每一个存在以及每一双眼睛里。它在发生的每一件事情中遇见它自己。它是爱，只是爱那个所发生的一切的事实，因为那是真正的奇迹。它可以是如此简单地作为无物而存在，无比有要容易得多。任何的发生都是奇迹，而我们生活在这个叫生命的丰盛之中。

这份爱的深度不是我们可以坠入的什么爱河或是什么可以从中摔出的地方。我们可以坠入或摔出的爱是某种去除了爱的本质的东西。那种类型的爱也是大多数人生命经验中的一部分，但这个爱就只是让你认出它就是了。当我们第一次认出它时，它是一个巨大的惊喜，当我们发现这份爱，就在此处，直接从我们里面出来，它便和与之相遇的 切相爱。

“它怎么可能是这样的呢？我不应该会爱上那个人啊，他和我有着不同的哲学思想。”

“那爱在这儿干什么？我们完全有着相反的政治观点啊。”

“为什么我会爱你？它是怎么爬进来的？那是怎样一种爱呢？”

这是一份深深的爱。这是一个与真理同义的爱。当这份爱在的时候，真理就在。当真理在的时候，这份联结，这份深深的爱，就在。

有关耶稣的很多故事所形容的就是这种爱。他周围的人一直不停地给他讲着那些不可爱的事情：“这个妓女，我们想要扔石头砸死她。神不喜欢那样的人。”但是，耶稣，完全地联结着爱，知道这份爱是无分别的。它不是因为某人很好或很高贵才到来。它就只是它。它无分别地爱着每一个人。他的大多数牧师们发现也被给予了这种爱。它甚至对着那些对他的死负有责任的人表达出来。他说：“天父，原谅他们，他们不知道他们在做什么。”那是从那个永不停止的爱中出来的，哪怕是在死亡面前。那是爱的声音。头脑也许会说：“嘿，他们想要杀了我，我有权利保留我的爱。”但是，真理不会以那样的法则去运作，它不会按照头脑所编造出来的游戏规则去玩。无论怎样，都要去爱。这份爱会让你变得高贵、神圣，但与价值无关。这是一份早已存在的爱，它一直都在这里，也永远都将在这里。它就只是爱。

如果你要做分裂的自我的营生，你就不得不对这份爱打个折扣，但它还是存在。而且，这实际上是我们最大的恐惧，你发现你爱各种各样的人与事，而你的头脑却不爱。很可能，唯一比死亡更大的恐惧就是爱，真正的爱。发现你确实在爱，爱是你的天性，这是你开始对自己内在认为一切都是分离状态的终结。当你对人们生气的时候，真的是因为爱在那里，而你却不想它是那样。这就是为什么当人们离婚以后，却经常感觉如鲠在喉。他们认为自己既然已经离婚了，就不应该有爱了，但是，它却依然在那里。你也许不喜欢，你也许不想与某人一起生活了，但是，爱却仍然在那里，因为，从来没有这样一回事——爱一次然后就不爱了。当人们可以面对这样一个事实时，爱情浪漫的部分也许已逝去了，但是关心或联结却还在那里，那么，这实际上也能够让他们的能量自由。而你也同样可以习惯于爱某一个人，因为你最终会发现自己对众生都会有这份爱在那里。它就只是在那里。它是一个已成定局的交易。它是谁并不重要。如果你能够接受爱，你就会知道什么时候该留在一个人身边而什么时候需要你离开他。

真爱与你喜欢某人，同意他或她，或者能做到兼容并包毫无关系，它是一份统一之爱，这份爱看见神戴着所有的面具，并且在所有的他们中间认出自己。没有它，真理变得抽象，有点冷酷而且具有分析性，而那不是真正的真理。真理坦露出自己，带着与万物亲密联结的敞开意愿。无论依你的个性你是否喜欢它，一种亲密的联结已在那里。有时候它会冲到前头，让它自己以一种明显的方式被知道。有时候，它会像余烬在背景中燃烧一样，只是为了万物而在那里。带着这份爱，你可以感觉到，在对那份深深的联结的认同中，对立之墙自然地倒塌了。不仅仅是对立之墙倒了，也是爱被每一个人感觉到，并且被生命本身所感觉到了。

它就像是父母对孩子的爱：即便有时候你感觉到受挫，但是，这份爱是持续不断的。人生与此也很相似，有时候它会让你想要发疯，有时候又真的是很美好。这份爱是超越那些美好或艰难的时刻的，它持续地在发生着。当你已经觉醒于这份爱之中，它就会超越一切的好时光和坏时光，在你与生命本身的关系中会发生一个激进的革命。这是一份没有对立面的爱，比如说恨，它只是透过万物，在所有的时刻中存在。当你意识到这一点，它就是一个革命。因为，当你看到你的这份爱在爱着不可爱的，爱着你认为你不该爱的，或是文化上不允许你去爱的，而你不再将注意力放在小我分离的规则中时，你就能意识到这是一种不同的爱。

请理解我所说的这份爱不是排他性的，它不排除其他爱的体验。友谊之爱、婚姻之爱以及许多种形式的爱都有它们各自的存在方式，并且在这个世界中通行。但是，我正谈论的是它自身的本质，这个本质包含在爱的所有况味中。这是那真正的灵性之爱，它是一个深深的无言的联结。只有这份爱才有力量去转化我们的关系、我们与彼此的关系、我们与世界的关系，它让我们鲜活。这份爱是无时间的，这份爱是无限量的。

很多次，当人们觉醒于这份爱时，他们会告诉我：“阿迪亚，它对我来说太多了——它要把我撕碎了。”荒谬！对你来说太多？你是透明的。你是空的。它只是穿过你并且超越你。穿过你并且超越你！只有当你以某种特定的方式紧抓着你自己时，你才会感觉它像是太多了。你在紧抓住你个人的疆界，你的边界，当然，那样的话，你就无法容纳它。爱从来就不是为了被收容的。

灵性瘾症

一个灵修人士可以变得对灵性的高峰体验上瘾，而错失对真理的体验。灵性瘾症的发生是当一些很棒的事情发生，而你却感觉自己像是被注射了一大针毒品一样。一旦你有了它，你就想要更多。没有毒品能拥有比灵性体验更大的力量。这个瘾头在智识上的成分就是你的信念，你相信只要你有了足够的体验，你就会一直感觉很棒。它就像是吗啡。因为你断了胳膊，你在医院里打了一针吗啡，而后你想：如果我能够一直拥有这小小的一滴，那我的人生无论发生什么都会变得更愉快了。灵性的体验常常就会变得像这样，而头脑把它们放入到一个熟悉的模式中，想着：如果我一直拥有这样的体验，那就会是自由。

很快，你发现你的状况并没有比一次普通的醉酒来得更好，此外，醉汉知道他们是有问题的，因为做一个醉汉是不被文化所接纳的。

那些灵修人士非常确定地说没有问题，他或她的宿醉不像其他形式的宿醉，他或她全部的要点是要在灵性上永远沉醉下去。一个瘾君子头脑的设置就是那样：我拥有了它，而我又失去了它。我需要它。我没有它。

在我们的文化里，在大多数种类的瘾症中，瘾君子们都被理解为悲惨的。但是，那不是在灵性的世界。求道者被告知说，灵性的瘾头是不同于其他的瘾头的。你不是一个吸毒者。你是一个灵性的求道者。

只要你内在还有某种对于高峰体验的希望，那这个问题就会一直持续下去。当那个自我约束的体系开始崩溃的时候，你就开始看到那令人愉快的、美妙的和上升的体验，从某种程度上而言，它像是非常令人愉快的、上升的饮酒狂欢一样。它们会在短时间内令你感觉很棒，而后就会有一个对等的反向的反应。灵性的高潮会跟随着灵性的低谷。我已经在很多学生身上看到这一点了。

一旦这些高高低低的体验自我耍玩了足够长的一段时间之后，你就开始渐渐明白，也许灵性的高峰体验只是一个振摆，它会紧随着一个低谷的体验。到了某些点上，你也许会有一个平凡的时刻，并且会看到那个事实，看到这些振摆的运动是平等的也是反向反应的。你会意识到，要想维持在振摆的一头是不可能的，因为它的天性就是来回来去地摆动。你是没有办法将振摆钉在任何一头的。

这就是求道者的运动，但同样也是另一个自我的运动，因为那个自我总是对于相反的和对等的反应感兴趣，试图维持着一种体验而避免另外的体验。这就是那个自我所做的。它追逐着好的而避免坏的。只要身份还在这场运动中，哪怕它是在灵性的高点，它看起很高贵，你也绝对不可能自由。没有这样的自由，因为没有可以一直维持着的体验这回事儿。根据它最根本的天性，自由与维持着某一种特定的体验无关，因为体验的本性是运动。就像是钟表的滴答一样，它一直在动。

我们不得不讨论这个灵性上瘾的问题，是因为除非你理解了它，否则的话，我将要讲到的第二点就只会变成另一个梦幻的灵性概念。但是，如果你抓到了第一个部分——那个灵性的觉醒与任何特定的高峰体验无关，那么，第二个部分就会变得更加有意义，也更有趣。第二部分是说，万物都是意识，万物都是神，万物都是一。看到万物皆一，它将射中那个试图将振摆钉在任何特定位置上的企图的洞孔。如果一切皆一，那么，当振摆在高处的状态时不会比它在某些其他状态时更多于一。

禅师们不会以一种抽象的方式来解释任何事情，这其中既有美丽也有恐怖。我的老师解释它的方法会是，举着他的东西说："这是佛。"然后，他会把它砸到地上，而每个人会想：哇！那真正是狂野的禅宗的玩意儿。我希望我能够知道他在说什么。"然后，他会开始——砰、砰、砰，并说："这是禅，这就是它！而每一个人也都会惊呼说："噢，哇！"人们会奇怪："什么？哪儿啊？"但却没有人说出来。"它不可以是那一个，因为那只是在地上敲着一根棍子。"由于对头脑来说不是一切皆一，头脑会继续找寻它："它在哪儿？它是什么样的状态？"因为那个我把万物与自己的情绪状态相对照，这也是那个我习惯的用于决定什么是真实的方式。它认为真实的就是，总是处在一个非常灵性的高昂的情绪状态，但是，这个用棍子敲打的方式并不是多么灵性高昂的情绪状态啊。然后，为了让它更糟一点，让它更加吓人，他会说：“这就是对于真理的确凿的描述。这就是佛。这不是抽象的。”然后，我们就真的会被击倒了。

有一种教导坚持着它的确凿，这真是一个祝福，因为他完全可以说：“一切都是意识，一切皆一。”就像我有时说的那样。然后，头脑想着：“我知道了。我买它的账。我知道它的意思了。”但是，当一根棍子敲打着地面，而这个老师说：“这就是它！”你是无法就此给自己的头脑打个包的。那个棍子的敲击恰如你所能够得着的神一样。此后的一切都是抽象的，是一个远离事实的运动。禅宗是不会让步于抽象的。这既是禅宗的力量，也是它的诅咒，因为它强迫学生们去认识真正的事物，而不是在他们还不理解的时候就以为自己理解了。

这将灵性求道者放入两难之中。在对那个万物皆一的意义的沉思中，那个我开始去寻找一种合一的体验。然后，它读了一本书，是关于合一体验的，并且看到关于如何与树杈或是别的什么地方融合又消失了之类的描述，然后就开始在过去的情绪体验中搜索，企图找到那种体验。

那个融合的体验是非常愉悦也非常美的，而你也许有过或者没有过。如果你有一种特定的身心类型的话，你也许每隔五分钟就会体验到它。而如果你是另一种身心类型的话，也许你要每隔五世才能体验到它。了解这个融合的体验是否会发生或者它多久发生一次一点意义也没有。我遇见过很多人，他们可以像摘掉帽子一样容易地融入，但是他们的自由却像是笼中的小狗追着自己的尾巴那样。融合与自由毫无关系，或者，实际上它与任何关于什么是合一的想法无关。合一只是简单地意味着万物皆一。万物都是那一个，而万物过去也一直都是那一个。当有了一个对万物皆一的深刻了悟时，那个我试图要寻找过去体验的运动就停止了。运动被切断了，追求被切断了，求道者被切断了。自我实现会顷刻间将一切都切断。你将要有的一切体验都是那个一，无论那个体验是要去融合还是说你要去洗手间。即便是它一边在地上敲着一根棍子一边说着："这就是它，这就是佛，这就是开悟的心。没有什么会比这个更开悟的了！"它全都是神。

这个实现往往是这样开始的，当这个我——他认为合一的体验就是振摆摆到最高的情绪状态——开始看到这个信念是多么局限的时候，他逐渐明白了。那个"我得到了它但我又失去了它"的体验对于灵性求道者来说是非常非常有价值的。那个体验的摆荡之美就在于，它开始逼迫那个我去放下有关体验本身的任何概念框框。你对那个错觉产生出质疑，那个错觉就是，每一个当下的体验的品质都可以告诉你什么是实相的终极本性。那个自我认为，当它感觉好的时候，它就靠近了它的真实本性，而当它感觉糟的时候，它就远离了它。但是活在这种"我得到了它但我又失去了它"的摇摆之中以后，最终，那个我会停止相信它自己的错觉。某些事情开始看穿它了，认出那并不是自由。

现在，如果这个求道者是被输入了程序要这样做，求道者会听到我现在所说的，并且想着："算了吧。我还是相信我可以在那个高昂的灵性体验的振摆上并且一直呆在那里。"这个灵性求道者的整个存在和身份都可以被投入这个振摆体验中。去意识到你花费你的一生，也许是很多世，试着去把你的体验钉在那个高昂的情绪状态中是令人迷惘的，而它所有的一切将引导你成为一个灵性体验的吸毒者。这可以带给你一种新的低落以及一种巨大的迷惘。如果你感觉到这个强烈的迷惘，你也许会试着从那里逃开，因为突然间，你内在的求道者不知道该做什么了。它变得非常困惑和奇怪："如果我不是在追求高峰体验以获得自由，那我在做什么？"

求道者就只需要呆在那个迷惘以及那个不知道该做什么的感觉当中，因为通过呆在那里，没有抗拒也没有想着要逃开它，在那个当下，一些新的东西开始诞生了。在你自己的体验中去感觉，当你让你自己去体验那个迷惘，体验那个灵性求道者不再错过当下的发生，而是停止追求不同的体验时所产生的迷惘。你可以感觉到求道者消融了，和平出现了，而这个和平是求道者过去一直以各种方式去寻求的。当那个求道者消融之后，和平诞生了，有了一个定静。当然，这种定静的品质不是依赖于某种情绪状态。在那个求道者开始消融的片刻，有的就只是和平，而后，振摆也许会摆荡到一个很高昂的灵性状态或是进入一个非常普通的状态，甚至是进入一个不愉快的状态，而和平本身则保持着完全独立的状态。这是自我实现的降临，它只能从那个求道者消融的地方开始，从那里，自由才得以发生，因为那里不再有任何趋向或远离体验的动作了。

体验的本性是，它变化无常，就像海洋中的波浪一样不可复制。它就应该是那样子的。那个追求着特定体验的求道者，身份开始从"我"转向只是这个了，而且只是这个。中心永远都在这里。过去，中心也一直都在这里。只是那个求道者，过去一直坚持认为中心有可能是在高峰的灵性体验里。但是，当求道者消融之后，就在这里，每一个瞬间都是中心。这里是不动的。而你可以有一个非常普通的，非常不开心的，或者一个非常超凡的情绪或心理的体验，而那个中心还是在这里。只有从这里开始渐渐明白，万物都是这个中心的表达。是的，万物。没有任何其他的表达可以比对真相的表达更多。没有任何其他的体验可以比对真相的体验更多，因为在它那一切的中心，没有求道者。就在这里，什么也没有。一切皆一。

你将发现没有一个小小的“我”在那个中心占据着空间。没有一个我在中心，没有一个人在那里评判被给予的体验到底是不是正确的体验，或者是不是有灵性。你们明白了吗？这就是它！当我的老师用他的棍子砸地的时候，他示意万物都是从那个空无一物的中心升起的。一切都是那个中心的表达，而不是与那个中心分离的。如果你不能从这里看到，那你也将无法从任何地方看到。这是一个巨大的释然——从那个必须改变一切以到达那个承诺之地或寻求开悟的体验中释放出来。开悟的体验就是，什么也不需要改变。事实上，你可以从这里看到开悟本身并不是一个体验，而且它并不是一种灵性的高昂状态。

所以，每一个体验都只是那一个不是体验的表达。一切都是那一个，别的什么也不是，就只是那一个，而且它从来没有过任何别的，就只是那一个。这就是那个真正地知道万物皆一的意思。那就是为什么所有古往今来的圣者都说过的“这就是那个承诺之地”。这个合一是神。这就是那个一。这就是它。它不在某个别处。而且，一旦那个中心被看到是空的，而你知道并没有人在那里寻找它，以便与它实际所是的样子有所不同，这个要比那最高的灵性高峰体验好得多。就像那些体验是美好的一样，真理是无限自由的。

学生：你能不能解释一下灵性的体验与无二元对立的觉醒时

刻的区别？如果试图重新创造一种实际上十分短暂的无二觉醒状态，它看起来很可能会被勾住。

阿迪亚香提：我所说的一切都是一个体验。现在，它是真的，一个人可以瞥见那个无二的状态。通常所发生的是，假如那个求道者没有被看穿，那个求道者就会非常快地重申他自己，而且将会和那个无二状态的副产品联接。那个无二的，非经验性的状态的副产品是：看到没有什么东西可追求的，过去也从来没有什么可追求的，万物都是神，它是一个大大的“啊哈”！

求道者会犯的一个错误是，如果它没有被彻底地看穿，它会将这个“啊哈！”与无二的、非经验式的状态联系在一起。当然，这个“啊哈！”可以只是一个释然、幸福、欢笑、眼泪，或者极乐，所有的这些都是副产品，它们都很美。这并不是说那个被看到的不是真理。它只是说，除非求道者被彻底看穿，否则他将不会再次将那些体验的副产品与觉醒本身联系在一起。那个副产品就将变成目标。它确实是会变成目标的。

所以，我不是在说，那被看到的不是真的或者说，因为那个副产品非常美，就没有什么有价值的事情发生。我说的是，你是否能够开始清除所有的副产品？我们可否看见那个副产品的源头是什么？

学生：沿着同样的线索下来，你会不会同意说你是在提供一种解构主义的技巧以期自己变得更加自由，从那里我们可以看穿那些捆绑我们的错误概念，然后去下工夫解除它们的纠缠？在我看来，我们所谈到的这一类的敞开也可以通过像静心这样的技巧而发生。如果我们持续不断地去下工夫，拥抱这些敞开，而后，通过重复体验，它们便开始扎根在我们的身心系统中，而到了某个点上就会有一个质变发生。

阿迪亚香提：呃，它可能会以那样的方式起作用，但通常不是。通常，那个求道者有了一些特定的体验，但是，后来又没有了它们，或者以一种相对低的频率拥有它们，无论是一周一次，还是一月一次，或是一年一次。从我所看到的来说，那个流传的神话是说，如果你一直拥有那些体验，有些东西就会改变。有时候有些东西会改变。而大多数时候，求道者都以一种相对可预见的间歇直接进入到那些体验中。你几乎可以画一个图表出来。他们相信说这些最终会在线头的终点得到好结果。求道者相信说他们正朝向开悟前进。那是个神话。

我所说的是，大多数时候，它是不会以那种方式起作用的。我不是在说它不可能。我只是在说，大多数时候它不会有效，因为求道者在想着下一次的体验，那将与这一次的不同，将会是正确的。那是一个通常未经质疑的幻象，而如果它是未经质疑的，也是未经调查的，那么，一个人可以继续有灵性体验，甚至是以一个很高的频率，而且所有的时间里都满满当当。你就只是更经常性地喝醉酒，对吗？你可以在很高频率上拥有很多的灵性体验，但是，它并不意味着你还没有成为一个瘾君子。那个求道者还牢牢地在那里不动。

学生：这使得我产生了一个疑问，是关于信任自己的体验的。如果你吃了些与你不合的东西，你就不再吃它了。你试着避免它，这种做法也被称作智慧或说聪明。但如果有些东西对你有效，并且给你自由的体验，那就有一个神所赐予的自然的回馈说："走这个方向。"所以，你会将特定的行动与灵性体验或随之而来的开放相联系，我们要如何处理这种自然倾向，你有什么建议吗？你是不是在说，我们不要跟随那个反馈？

阿迪亚香提：不。我说的正好相反。我说的是你实际上应该跟随那个反馈。你应该跟随你的体验。唯一的问题是，大多数人跟随自己部分体验，但不跟随自己所有的体验。他们一部分的体验可能是去相信："如果我做这个，那我会得到一个自由的体验，那是很美好的，而那就是它所相关的一切。"或者："从我自己的经验来看，我知道如果我做这个，到了某个点，恩典就会突然降临，而我将得到这个美好的体验。"我根本不是在争论这个。那也是一个人体验的一部分。一个人的另一部分的体验，往往没有被看到，这个进步、这个运动的事实就是它自己的约束。它不是自由的，它永远等待着下一个体验。人们的体验给他们看到这个，而他们知道这个就是如此。他们知道自己并没有得到真的自由，因为他们正在等待着自由。而这个等待也是他们的体验，但是，往往，这些体验立即就会被打了折扣，因为那一部分的体验威胁到一个人整个的灵性范本。所以，求道者不会去看那个。

学生：是的，我不想去看那个。

阿迪亚香提：我在说要信任你的体验，但是，是信任你全部的体验。

学生：这听起来像是你在挑战进化论的理念。你知道，是有阶段的、有步骤的。你确实要从A点到B点。有一些地方是必须要去的，否则，我们不可能在这里谈论一些还未完成的事情。难道你没有一点儿进步吗？

阿迪亚香提：有进步，但是你不会去哪里。如果有什么的话，它只能是一个倒退，而非进步。当它是有价值的——我不是说要倒退到一个婴儿的状态，不是那类的倒退——你从你所有的灵性理念中退回到一个简单得多的状态去。在那个感觉里，确实有一个倒退可以发生，而那个点是，一个人可以来到我正在谈的事情面前。它可以是突然间来到，突然一下子，也可以是慢慢地来，非常像其实是奶油溶化一样。现在，如果我们想说奶油溶化是一种进步，我猜想我们可以这么说，但是我想说的其实是奶油溶化是与进步有所不同的事情。你并没有去到任何地方。你实际上是非常快地哪儿也没去。所以，它可以以任何一种方式发生。它可以是慢慢地，也可以是突然地。它是我与很多人的经验，它可以用它想要的任何方式发生。所以，这样来看，我可以买那个进步论的账，但是，却不认同于那个理念，有些体验比其他的体验更能让我进步。重点是它们不会表明你正在取得更多的进步。

学生：那是我感觉有点危险的部分，因为我想我们所有人都想要有一些可资衡量的标尺，说我们正在取得进步，因而我就在这里，在萨尚里面讲故事。

阿迪亚香提：我们是。

学生：我们在谈论上周这个窘境是如何发生在我身上的，而我现在感觉自己能更好地处理它了——像是萨尚起了作用。我们有一种提高的感觉，而人生也越来越好。

阿迪亚香提：是的，当然有提高，但是提高不是觉醒或开悟。

学生：很明显，有各种各样的体验。我们可能被它们愚弄了。而我真的听到你在说：不要吊在那个闪光的东西上，去更关键的地方吧。不要抓住任何的银矿或金矿而执著在它们身上。

阿迪亚香提：对了，因为它们最后都会跑光。如果你的体验使你的人生变得越来越好，或者越来越自由，那我还为何要与你争辩？那是你的体验。如果某人有了那个体验，那么我真的很高兴他们会更开心，而他们也很可能更友善地对待自己和他人。很好，只要自由在，真的没有什么可评判的。现在的你若非醒着就正长眠。

幻象

世界是个幻象
唯有实相是真
世界是那实相

——罗摩纳大仙

这个世界就是实相（Brahman），如果直接感知的话，是终极的实相。但这个世界还有表面的一层意义，它由于我们的要求而被加诸于这个世界。每一个人都有着他或她自己的要求。有些人感觉这个世界没有满足他们，有些人认为这个世界不够安全，有些人要求每个人都平和。人们对这个世界或者对他们自身的不同的要求可以不断被追加。这些要求来自于一个表层。当人们说“这个世界是个幻象”时，那意味着这个表层不存在。它不是真的。它只是头脑的一个功能。

当有人告诉你：“我爱你。”而后你感

觉：“噢，我毕竟是有价值的。”其实，那只是一个幻象，那不是真的。或者有人说：“我恨你。”而你想：“噢，天啊，我知道，我不太有价值。”这个也是不真实的。这些想法并不具备任何内在的实相。它们只是实相的一个表层。当某人说“我爱你”时，他是在告诉你一些关于他自己的事，而不是你。当某人说“我恨你”时，他也是告诉你关于他自己的事，而不是你。

确切地说，世界观就是自我观。认知这个表层中的世界实际上除了在头脑里以外并没有真正发生。一个很好的能够得到这个画面的方法是，去想象你快死了。和你一起死去的一切都那么不真实：你对你自己整个的看法，你对世界的看法，它应该是什么样的，它可能是什么样的，你应该是什么样的，你可能是什么样的，无论你是开悟的还是没开悟的。一旦你的大脑停止转动，所有这些理念都会消失。它并不实际地在那里，也没有一样是实际发生着的。这也就是为什么灵性的觉醒拥有一个死亡的元素。

如果你真的想要自由，你得准备好失去你的世界——你整个的世界。如果你试着要证明你的世界观是正确的，你也许现在就可以收拾你的行李回家了。如果你想要醒过来并且发现：“哈利路亚！关于它，我的想法全是对的。”你就只是继续去度假或是回去工作吧，别让灵性的事情把自己逼疯了。但是，如果你有一点点兴趣想要醒过来并且意识到：“哦，我以前完全错了。我对于我自己以及对其他每一个人的想法都完全错了。我对这个世界的看法也完全错了。”那么你也许就来对了地方。

人们可以坐在那里静心，在什么都不知道的情况下只是为了证明自己的世界观是对的。这个可以同时出于负面的和正面的原因。一个人也许在想：“我知道我是个佛。我知道我开悟了，我知道我开悟了。”但是，即使是带着那个想法，你还是在试着强加给自己一种世界观，而它绝不会太适用。黄檗禅师[8]鼓励人们丢掉佛——丢开所有的观点和所有的世界观，甚至是灵性的世界观，如此，你才不会把自己强加于如是实相之上。这也就是那个“见佛杀佛”的来历。如果你对于真理是什么样有任何的想象，马上去除它，因为它不是。

释放掉这些理念和想象的表层非常像是从一场梦中醒过来。醒过来是唯一的一条路，去意识到它就是一场梦。我们可以是非常的宗教极端主义者——哪怕是带着东方的教导，你知道。你可以相信没有世界也没有自我，但是，如果它不是你的直接经验的话，那它就是另外一种形式的宗教极端主义。它是头脑将某些东西强加在如是之上的另一种方式。

当你静心打坐，你开始认出自己携带着不同的观点，也可以放下它们。但是，和你放下它们一样快的是，你将替换它们。它就像是信念。大多数人如果没有抓住另外一个信念的话，是不愿意放下一个信念的。这个比较好，所以，我现在要抓着这个了。但是，在这条路上，去质疑是谁在抓着这些信念，比去质疑每一条小小的信念来得有效得多，因为，你可以看穿一条，但是很快，另一条又会冒出来。它就像是拔草一样。

当我还是个小孩子的时候，街对面我最好的朋友家有一个带着草坪的后院，实际上，那儿的野草比草皮要多。他的爸爸会付给我们一个小时25美分——提醒你一下，那是30年前了——让我们去拔那野草。但是，即便是那个时候，我们也知道，25美分不

---

8 此处可能是指黄檗希运，中国唐朝的一位大禅师——译者注。

是太多的钱。但是一小时的工作可以让我们买到糖果。开始的时候，我们会坐在院子里，把野草用我们小小的餐刀挖起来。呃，那个太艰巨了，所以，后来我们就只是动手开始去拔草。我们会拔掉草尖儿。那儿野草比草皮要多的时候，我们就会一天好几个小时地拔啊拔，如果在夏天的时候，真的需要钱的话，我们就会拔上两个星期。等到一个星期以后我们跑到草坪的另一头去时，以前拔过的野草又已经冒出来了。信念就是这个样子的。你拔掉一个，但如果你没有去掉它的根儿，如果你没有把那个紧抓住这个信念的人拔出来，那么，新的信念将会继续出现，来抓住你的注意力。这是一个很好的用来保住你自己的方式，就像小我可以那样保住它的生意一样。

所以，根除那个抓住这些信念的人才是你现在所要做的。谁是那个紧抓住这些信念的人？谁是那个正在挣扎的人？谁是那个不挣扎的人？一旦你根除了那个将这些结构紧抓到一起的人，那这整个结构就崩溃了。如果你将其连根拔出，那这整个概念性的结构就崩溃了。如果你留下了一小块根，它将会回来，再次构建起来。

学生：有时候我看到我的世界观是个幻象，而我也感觉到了完整。但是，后来我又被分离抓住了。到底要怎样才能不来来回回地移动，从偶然的一些片刻的实现转向持续性的实现呢？

阿迪亚香提：溶解掉那个问话："它什么时候能够从片刻的实现转向持续的实现呢？"你并没有一个感觉是谁在问那个问题。是那个特定的思想的运动在问。

它所有的只是一个概念性的表层。在禅宗里有一种说法：

“这一分钟你是个佛，下一分钟你是一个有情众生。”有时候你是佛，有时候你是一个有情众生。而它总是佛，因为两者都是面具，有情众生是一个面具，佛也是一个面具。当面具跌落以后，有情众生和佛都是同样的。

学生：而你无法称呼它为任何东西。

阿迪亚香提：你无法称呼它为任何东西。它是没有面具，是空无。就像黄檗禅师所说：“显身为一个佛也不会更伟大，而显身为一个有情众生也不会更渺小。”

学生：我发现自己内在有一种对于自由堕落感的执著。

阿迪亚香提：对自由堕落的执著是一种执著。它也是你受苦的原因，因为人不可能一直有愉悦的感觉。感觉会改变。在那个对它的看见里面，也有一个对它的放下。因此，对于那个哪怕是美妙体验的紧抓也会有一种自发的放松。我们超越实现，超越小我面具，并且超越佛的面具。在空性面前扯下厚实的面具，并且超越它，在那里就只有一个伟大的“啊——”。

学生：当你谈到没有概念或者幻象，并且意识到空性时，那就好像有一个地方是超越爱的。在我的体验里，那个爱同样也在这个觉醒中升起，而它好像是一个介于幻象与空性之间的能量场。你能不能谈谈爱，以及它是如何适用于觉醒的？我们人类内在怎么会有那么多的爱，可是自己却很少感觉到被爱呢？

阿迪亚香提：空性的第一个运动是爱。那也是第一个召唤，那是同样的事情，同样的爱。它导向整个的宇宙，存在的创造，以及它的诞生。它就像是一个母亲。一切都是从那个无法形容的爱与美的感觉中升起的。它是空无的第一个表达。从这个意义上来讲，爱常常都是进入最真实的、最深入的状态的一道门或者门廊。我想，人类感觉不到爱的原因是他们与自己失去了联结，其实，他们自己就是爱，爱的源头。

整个人类的机制就是因爱而投胎，因创造而投胎的。小我无法看到这个。它发现自己没有能力允许这种爱进入。只有我们的真实本性才能够允许它进入而不被它所压倒。那也是为什么在一个灵性的社区里面，老师不只是被爱着，还被崇拜着，因为一个小我无法承受那么多的爱。人们甚至可能在他们内在感觉到这份爱，但由于它对于小我来说像是太多了，这份爱就被投射到了老师的身上。

我们容易将自己的真理、自身的美投射到别处去。我们投射出我们自身的美。那是自己在无意识中所做的一单生意。"我，在某种程度上，通过主观意识或是潜意识，决定做一个分离的某某人。但是实际上由于我又不是一个分离的某某人，我就不得不放弃掉自己的真理。由于我没法去除掉我的真理——它是不会从这个宇宙中消失的，我就得把它放到一个别的什么地方去。如果我要假装着去做这个有局限的某某人，我就得把我的神性放到别的什么人身上。"然后，它就去到了耶稣或佛陀或灵性导师的身上。"当我在忙着做我自己的时候，某人却要拿走它。"而这，就是那个投射。

我想，当有爱在，爱以它最真实的方式存在的时候，我们实际上会为我们自己的真我而坠入爱河。我们所爱上的是我们的小我所无法把握的。当我们通过做一个分离的某某人的事情之后，我们将会拿回自己的真实本性，并且拿回我们真我的所有权，如此，我们可以实在地看着佛陀——那个神圣的形象或者我们自己的老师——并且直接而明确地知道："这是我。我和它是同样的。”在我们实在地将那个丰盛完完全全地拿回给我们自己时，我们才可能真正做到那样，并且看到它就是我们自己的真我。

然后，有一个伟大的爱与感激。那是要对我的老师表达的。它更像是："谢谢你帮我拿着我的投射。当我还忙着假装没有开悟的时候，谢谢你拿着我的开悟。谢谢你没有紧抓住它或占有它，而是把它还给我。为此我有那么多的爱与感恩。谢谢你让我看到。"

禅宗里有一种说法："当自我实现深入时，你整个的存在都在跳舞。"你可能拥有一个空性的体验，但是，它也可能是空性之空。有一句话是用来形容它这个"冷空"的。但当它是那个真正的空性时，你的整个存在都在舞蹈。它甚至直接穿过你的肉体。万物都再次活过来。你在跳舞——这个空性在跳舞。然后，我们更深地进入那个爱、那个舞蹈和那个喜悦。而后，它安定下来，它依然还是爱、舞蹈和喜悦，它安定于某种安静和非常普通的东西之中。有一种不断加深的爱与静定。

当觉醒发生时，心开始敞开。我想要让实现变得完整，它必须真正地击中三个层面：脑、心和腹（head，heart，and gut)——因为，你可以有一个非常清明的、开悟的头脑，它让你以一种非常深入的方法了悟，但是，你的存在却不会跳舞。只有当你的心开始打开时，你的存在才开始跳舞。然后万物都变得生机勃勃。而当你打开你的腹部，也会有一种深深的、深深的、无法度量的稳定就此敞开，那个你，就死在那份透明里。你变成那个绝对的存在。你就是那个实相。

有一种说法叫"坚固的空"。在头脑里，空不是那么的坚固。它很像是空间，而以太是头脑层面的开悟。心的层面的开悟是一份鲜活的生机，一种整个的我都在舞蹈的感觉。腹部层面的开悟与头脑层面的那个空相似，但是，它像一座山，一座透明的山。所有的这些都是真理在人类中的表达。

学生：那是我所听过的最美丽的事。我惊讶于一些灵性的团体，他们绕开爱，而且看上去一切都不是从那里运作的。他们没有那个中心，而且看上去非常干巴。我过去总是惊讶于怎么可能没有那一个就觉醒呢。

阿迪亚香提：就像我的老师常说的："灵性太容易变成只是一种谈论了。"可能会有某种程度的头脑的开悟，一种完全的清明——一种像是空间或是空间感的觉醒，可以不停地继续。但即使是那样，还是可能会有，也常常会有，非常细微形式的个体的我在保护它自己。当你从脖子的水平线以下降落时，对于很多人来说，自我保护就会变成一个巨大的议题。它是关于要改变自己的头脑，还是根本不要头脑或是成为无物的事情，但是，当那个开始来到心里时，你就真的离家越来越近了。那个敞开是另一种亲密的命令。因此，我想，一些灵性的团体可能会错失它是因为有些人可能在自己的头脑里非常开悟，但是他们别的地方却没有。

学生：那些冲击我的也是我被你吸引的原因。与某些灵性老师在一起时，会有很多的体验，以及许多的练习让我们进入到转换的状态或是三摩地[9]状态。但是，你加上的只是，完全包容此刻的存在，这不像其他很多老师所做的。从那里，爱必会进来。如

9 指深入的禅定状态。

果你的灵性生命只是关于如何进入到转换的状态中时，你就没有一个活过的存在状态，而且你也会认为自己并不需要它。你以为那就是所有，或者说那就够了，你被这个想法迷惑住了。

阿迪亚香提：当觉醒降临时，你进入到与自己的存在完全不同的领域，在那里它将被看透。当你下到自己的脖子以下，你得到了低落与肮脏，假如说你知道我的意思是什么的话。它就像是，在灵性时间里，你戴上手套，而有很多人也会看到一个非常深的情绪层面，那里真的要求深入进去。如果我们被卡住了，就像你说的，灵性的状态可能实际上被用来保护我们不至于死得更加彻底。所以，那些高昂的灵性状态是一些最有效的藏身之地，因为它们可以看起来像是如此的极乐、如此的圆满。而且，你在那里也能拥有这些不可思议的体验，但是，下班回到家你还是会用脚踹你家的狗。

不同的灵性传统像是在呈现着实相的不同层面。禅宗呈现出腹部的层面，那也是它所关注的。在禅里，你可以真正深入地跌落进那个被称为“伟大的死亡”的里面，因为在那里有一种对一切的全然放下，甚至包括你对心的执著也将被放下。同样，我们可能会执著于智识上的开悟，也可能会执著于心的开悟，这也是为什么在禅宗里，你会听到人们如此频繁地谈到那个真空。这是空无之山，而空无才是存在的实体。

控制

如果你放下每一点控制与每一个热望，一直去到那最细微的想要控制任何事情、任何可能会在这个当下发生在你身上的事情的欲望，那将会是怎样的？想象你能够绝对并全然地放弃控制，然后你就会是一个在灵性上自由的存在。

许多人都已经说过，当你挖掘到人类情绪伪装的最深层面时，你就会发现那个让人们分离的最原始的情绪是恐惧。虽然我还没能证实它是真实的。但我发现，让人们持续地体验到自己的分离的核心问题是欲望和想要控制的意愿。当你认为自己没办法控制的时候，恐惧就会升起。或者当你意识到自己没办法控制，而你还不想放弃控制的欲望的时候。

当我在谈控制时，我是在谈一切。最明显的一种控制就是人们试着要控制彼此。如果你回想一下今天你的任何一次谈话，你很有可能会发现其中有着想要控制的元素。你曾试着控制某人的头脑以便他能够理解你、同意你、听你的，或是喜欢你。也许不是所有的谈话或所有的人都是这样的，但是很可能有相当一部分人是如此。

我在谈论的是万事万物最明显形式的控制以及控制最细微形式的力量。在这些（控制的形式）之中，我们试着改变自己当下的体验。我收到的一个最普遍的问题是这样的："阿迪亚，我已经有一些灵性觉醒的体验发生了，我觉得它并不是完整的。我没有觉得我完全自由了。也许我实际上已经觉醒到我是什么和我是谁了，并且，那是非常美丽、深入的觉悟。但是，阿迪亚，有些事情还没有全然地被自我完成。"接下来你可能又会问了："我该怎么做？"我还没有看到任何一个处在这个窘境中的人真正去处埋那个原始的控制的问题。没有一个人，因为每个人先处理的都是控制的条件，而除非他们可以从自己对控制的欲望中解脱，他们才能够真正解脱。

最简单的方式是，那些对他们的真实本性已经有了深刻而真切的灵性觉醒的人，与那些已经解脱和自由的人之间的不同其实只是非常简单的事情：那些已经解脱和自由的人已经全然又绝对地放下了控制。这是真的，因为，如果放下了控制，那么你无法阻止的只能是解脱与自由。这就像是从一座大楼上往下跳，你无法控制地一路向下，重力会拖着你往下。如果你全然地放下控制，你会终结于一种全然的自我实现。

想要控制的欲望，其最基本的形式就像是你感觉在自己腹部有一只攥着的拳头。当你用尽不同的方法去下工夫想要控制自己的体验，你所发现的，就是这只在紧攥着的拳头。而当你靠近这只紧攥的拳头时，你会发现它有一个保护者。那个想要控制基本感觉的保护者是盛怒。通常，盛怒是在你内在可能存在，并且比你愿意承认的任何其他的情感更具破坏性的。它是控制的最终保护者，如果你发现某个正在盛怒中的人，你一定会远离他们，除非你是愚蠢的。否则，你就会被拖入到很多其他的事情之中去：某人的受害者情节或抑郁，或者某人是个加害者，或者有些其他的模式。人们可能被拖入到各种各样的情绪模式之中，执著或是纠结，但是，少有人会在其中感觉到舒服，也少有人会在这如飞蛾般扑入盛怒的火焰之中找到什么价值。从这个意义上来讲，它是一个非常好的保护者，它有效地做了自己的工作。

许多人从来不会进入自己的盛怒之中是因为，在这个被掩藏的盛怒的上面是恐惧。恐惧通常是有用的。大多数人极度害怕的时候会跑开。但也有少数的人会穿越他们的恐惧，当恐惧出来时，人们会感觉到仿佛下面有些极具破坏性的东西。而如果你继续进入那个恐惧的龙卷风之中，你就会发现有一个存在的抓柄，通常在你腹部的一个深洞里，从那里甚至可以生出最深切的灵性觉醒。恐惧也许会生存也许不会，盛怒也许会生存也许不会存在。通常是它们不会存在。但是，那个抓柄有时候也会以最基本的形式生存下去。

那就是为什么我建议你去想象，无论是在你自己体验的浅显的层面，还是在一个最深切的层面，如果你全然地放下任何在你内在想要控制的动作、想要控制的欲望以及想要控制的想法，那会是怎样。想象如果你想要控制的欲望完完全全地从你的系统中缺席会是怎样的。

对于这个想要控制的欲望，最终来讲，是我们不想要完全醒过来的意愿。有一个很精彩的小故事，是安东尼·德梅罗（Anthony DeMello）讲的，他是一位在灵性上已经觉醒的天主教的牧师，他做演讲也写书，并于20世纪80年代去世。他讲的这个故事是一个妈妈敲着儿子的房门说："约翰尼，你得醒过来了，要去学校了。"

约翰尼回答："我不想醒过来。"

妈妈重复："约翰尼，你得醒过来了！"

"我醒了！"

"约翰尼，你得起身，下床，去学校！"

"我不想下床。"

这个听起来熟悉吗？"我不想去学校。我厌倦学校。我为什么要去学校？"她回答他："我给你三个理由，告诉你为什么要去学校。第一，因为这是去学校的时间；第二，因为整所学校的学生都要依赖你；第三，因为你40岁了，而且你是校长。"

这个对于很多有过深度的觉醒的人来说都是非常相似的。这就像是闹钟响了，你已经停止做梦，不再不断地将那个梦幻的自己投射进存在之中，而你知道自己是那个最终的纯粹的精神。你已经体验到那个了。但你就像是那个校长在该去学校的时候躺在床上。你是醒着的，可你还没有完全同意要醒过来。你还没有放弃自己对一切的控制。你想要呆在床上，但是一切都在呼唤你出来，生命在呼唤你出来，而你残存的最后一点控制只是在说："不，外面很吓人。我不知道我是否想要走出那道门。那儿是个全新的人生。那儿是一种完全不同的存在方式。我已经醒了，但我还不确定自己是否真的愿意完全醒着。我曾经想，我只是想要醒过来，之后我却仍然呆在床上。"

可笑的是，当人们在自己的灵性进化中实实在在地抵达某个特定地方的时候，当他们已经有了一些很深的觉醒时，他们还是要真正地处理这个控制的基本问题，他们通常会问："你认为我应该去到一个类似修道院的地方吗？我希望自己能够永远闭关，你认为那是个好主意吗？"而我总是说不。它就像是那个校长说的："最美好的事情无非是在接下来的20年里呆在床上，不是吗？"那会解决你的问题吗？绝对不会！你必须起床走出去。你要放下控制地放手去做。

这是一个非常真切又深入的活动。它真的是你的核心自我的一次变异。它倒不必是一种揭示、一种灵性的达成，或是一种实现。它是我们在存在道路上的一次根本性的变异——活在摆脱控制的意愿之中。当你来到控制的核心，最可能的是，你会感觉到自己像是要死了。生活突然间完全失去了控制，即便是在最根本的层面来说，这也是一种死亡。对我们大多数人来说，我们全部的生命都被自己控制是在我们大约一岁左右的时候。你可以看到孩子甚至在自己两岁的时候就试图控制他们的妈妈，命令并操控妈妈和爸爸。控制的行为开始得如此之早，想要控制的热望，这种我如果可以控制就可以活下去的生物上的感觉开始得也如此早。

这真是一个根本性的转化。那也是为什么我说，我们可以有一个非常深刻而真切的对真理的实现，并且最终，那个最后的真正的自由不必是透过这个实现而来的。它透过深深地臣服于自己存在最深处的座位而来。当然，大多数的人将需要一种对于他们真实本性的真切的实现，以便于他们能够自然地去臣服。但是，真实本性却透过一种因人们昏沉茫然的状态而无法预见的对控制的释放来实现。当然，关于这一点，人们总会问我的是："现在，我该怎么办？"而我能够说的就是，这个问题本身就是你的控制。控制就是你试图去做的事。而对于"你说怎么办"这样的问题总是关于控制的。有一个"怎么办"有时候也许是有用的，但是，最终它还是关于控制的。没有怎么办，就只是放下就好了。

学生： 你说无法预见是什么意思?

阿迪亚香提： 我的意思是，在你最后放弃控制、控制的意愿之后，一切都是无法预见的。那是我们想要面对的最后一件事，因为一切都是完全无法预见的。换言之，一切都是完全未知的。

学生： 而这个无法预见的对控制的放下只是发生于未知里，在那个点上就是敞开，对不对?

阿迪亚香提： 你可以在那里，还是不放下。如果我们真正地安住在我们自己的真实本性里，明显的控制形式就不再运作了。如果它们还在运作，就说明我们没有安住在自己的真实本性里。我们不在接近于它的某个地方。如果我们明显地试着去控制我们自己或别人，我们就完全地回到了梦境里。但是，即便是我们深深地安住了，在我看到有些人的经验里，它还是有可能会有一种对控制的紧抓存在。也许在那个当下它不会被留意到，但它还是潜藏在那里。

学生： 这里面有恐惧。

阿迪亚香提： 这是对死亡的恐惧。是的，因为这种放下要通过体验我们那个分离的自我的死亡而发生，而那是一个非常深的真切的死亡。非常深。当然，它完全是一个幻想中的死亡。

学生： 当我们死的时候会有放下发生吗?

阿迪亚香提：不，根本不是你说的那样。你可以有一个肉体的死亡，但你还保持着两万世里的控制欲望。

学生：放下存在的紧抓是一个肉体的事情吗？

阿迪亚香提：存在的紧抓可以在肉体上感觉到，但是，它比肉体要深得多。举例来说，想象你有了一个绝对具有说服力的体验，就是说你认为当自己的身体死亡以后，现在的你还将继续存活下去。这可能是一个信念，不会是希望，不会是信心——你百分百地知道。那你还会害怕你的身体会消亡吗？

学生：不。

阿迪亚香提：我想，大多数的人是不会真的害怕他们肉体的死亡的，因为如果他们都相信自己不会死，他们就不会在意他们身体的死亡。他们对于死亡的害怕并不是那个"我的身体死了"，而是那个"我死了"。

学生：我，正如我所知道的我自己。

阿迪亚香提：是的，"我"死了。而如果我不认为我会死，我就不会在意我的身体会不会死。但事实是，那个怕死的人正是那个紧抓的人。那个我所知道的自己，我，我的个性，玩完了。它完了。但是，那完全是一个幻觉上的死亡，因为这个我只是一些熟悉的念头的集合而已。但是，如果我认同于它，就会感觉它根本不是一个幻觉的死亡，不是吗？

学生：所以，它会不会过些时候就发生？

阿迪亚香提：只有当时间耗尽之后才会发生。它可能过些时间才发生，也可能是非常突然的，或者可能是非常渐进的。只有一个规则，那就是：一个人如何去发展是没有任何规则的。

学生：我们是不是应该停止问问题了？

阿迪亚香提：不，那也不会有用。不要太多地控制自己。

学生：但是，当你开始问问题时，你也是在试着去控制些什么吧。

阿迪亚香提：是的。但是，如果你制止你自己去问问题，你就是在试着去控制。人们能够为自己做的最好的事情就是，一直对自己绝对地、全然地并完全地真诚，一种全然的内在的诚实。如果有一个问题对你来说非常重要、深刻和真实，那就提问。你看到我的意思了吗？持有你内在的诚实要比你把它当作一个理念去兜售重要得多。那个诚实的持有就是完完全全地把人们带向真理的东西。并不会有很多人能这样做。他们都在将自己内在的东西与来自外面的概念作比较。如果你听我今晚所说的话，也就是说所有的问题都是某种形式的控制——这是真的，因此，你就停止问问题了，那也是很糟的事情，因为那时候你只是以相反的方向在控制。

学生：问问题的部分最终会停止吗？

阿迪亚香提：是的。那就是整个的要点。当问问题的人停止了，问问题的部分就停止了。问问题者所问的每一件事都是收紧那个紧抓的一种方式。

学生：去防卫自己？

阿迪亚香提：对。甚至当这个紧抓在请求释放与臣服时，它还是会试着控制。它在说："我想要现在就臣服。"所以，一个人对自己内心最深的诚实是最重要的。我的老师过去常说一些非常简单的事情，却是真知灼见，例如：只有虚假的人不会开悟。

学生：你的意思是他们不想知道真理吗？

阿迪亚香提：我不知道他们是否想知道真理，我只是知道，大多数人会发现，要在相当长的一段时间里对自己保持真正的诚实是非常困难的。他们因为各种各样的原因、理念以及概念不停地放弃这样做。他们会同时跟随400本书的教导，做任何的事情来回避自己内在的真实的发生。一旦他们向内看，并且从那里引发自己最深的诚实，一切就开始打开了。他们也许会有一大堆的问题，他们也许会突然间什么问题也没有了，这都不重要。他们是发自内心的，并且他们没有因为任何事或任何人而牺牲它。在那里，一切都充满了力量。

如果你去看有史以来那些非常有灵性并获得了觉醒的人类榜样，在他们的核心你总是可以找到的一件东西就是，他们总是对自己保持绝对无情的真诚和诚实。对一个人来说，要做到这一点是相当困难的，因为我们通常会跑到自己的无安全感、恐惧以及怀疑之中。

学生：那是不是指它很难在你的日常生活中做到？

阿迪亚香提：不。尽管它是严苛的要求，但它在日常生活中并不是障碍。几千年来，人们到寺庙、修道院以及道场去避世。如果你去看看那些已经这样做过的人们，有多少人真正地开悟了呢？成功率相当低。即便是今天，你也可以问问某人："你在日本、中国内地、中国西藏或是印度的道场生活多久了？""我在那里15年了。"嗯，你知道，当我们在谈论灵性时，不只是说宗教，你们是知道那个底线的："你达成了吗？你得到你想要的了吗？我记得你在15年前就说过你要去那里开悟，它发生了吗？"

那是那个底线，不是吗？当你把所有其他的东西都清理掉，你不是做了就是没做，而当你问大多数的人他们是否已经开悟了，那个回答是"没有"。我不是在说，有些人去修道院里修行是没有用的，因为很明显的是，它是可能的。我所说的其实是，当我们放下控制的意愿时，就在那个我们正好所处的地方，在那个觉醒可能会在的地方，做着我们正好在做的事情，我们意识到现在真的没有更好的地方了。我们的借口都用光了。

你们有没有在自己的生活中用光了所有的借口的时候？当你所有的借口都用光了，突然间你会感觉像是自己顶住墙了。在那个时刻，你可以感觉到有一种根本性的内在改变正被唤起。这就是为什么说假如每个人都能够如生命所是的样子，放下对于如何回避它的方法的找寻，每个人的生命实际上都处在完美的地点，会有着它自身灵性的开展。它与你在帕洛阿尔托为IBM工作，还是在某个地方的寺庙里做和尚没有关系。无论你在哪里，你的情况是什么样子的，你还是有着同样的根本性的问题。它与你在做什么没关系，而是关系到你的存在是怎样的。

学生：所以，当你说它是关于我是谁的，那么当这个“我”停止了，当你意识到你所知道的这个“我”并不是永恒的，会发生什么？

阿迪亚香提：你再想想。我的意思是你会遇到那个不可思议的美丽的矛盾，那就是，根本没有一个“我”，而“我”又无处不在，这两者同时都是真的。它是你可能经历的最好玩的事情。没有一个“我”，而唯一存在的就是那个大“我”，它正透过万事万物而闪耀出来。但这只是一种谈论。永远不要满足于别人的真理，这也是你必须诚实面对的一部分。你要自己去了悟，因为那是唯一的方法，你只有通过自己去了悟，才能独自地去发现你是什么。

就在这里，有一个奥秘，哪怕是在体验的层面。甚至在一开始你就能够品尝到，在那个奥秘的中间，一种对于未分离的自我的直觉的体验就在那里了。你无法找出你是谁，但是，你明显在这里，因为有一种对于这个无物的感知。你可以从一开始就尝到它，而那些坐在他们的垫子上打坐20年的人却没有。他们可能错失一些如此简单的事情。这件事实际上已经在每个人的内在。这件不可思议的事，其实并不遥远。

放下

有一个非常简单的方式就能让人开心，那就是放下你对这个当下的要求。任何时候，当你对当下有一个要求，让它给你些什么或者去除掉什么，你就会有痛苦。你的要求把你与那个受制约的头脑的做梦状态拴在了一起。问题是，当有一个要求在的时候，你就完全错失了当下。

放下也包括那个最高的神圣的要求，甚至包括对爱的要求。如果你以一种微妙的方式要求被爱，哪怕你得到了爱，它还是永远不会够。下一个时刻，那个要求又被重申，而你又需要被爱了。但是，一旦你放下，那个瞬间就会有一个了悟，那就是这里已经有爱了。头脑害怕放下它的要求，因为头脑认为，如果它放下了，自己将不会得到想要的——仿佛要求真有用似的。这不是事情运作的方式。停止追逐和平，停止追逐爱，而你的心会变得满盈。不再试图变成一个更好的人，相信你现在就是一个更好的人。不再试图去宽恕，宽恕就会发生。停下之时，你就会变得安定。

顿悟就是在这个当下，丢下每一个要求，对自己的以及对他人的。它所需要的就只是在一秒钟之内丢下它。如果你不确定地去做，这个放下的过程就会变得非常简单。但如果你有了一个很具有自我超越性的时刻，而后，你开始对自己、对这个世界有要求，你就会再次变得迷惑，因为存在的真实本性是不确定的。它就像是你开始追逐珠宝，而它就在你自己的口袋里，并且坚持说你是个乞丐一样。当你停止那个坚持，并且把手放回到自己的口袋里，你才能意识到当下有着如此大的圆满，而这个圆满并非来自任何东西的一个结果。

真我之美就是，它与获得任何东西无关，它也与保持一个高的要求，或是被看见或被注意到无关。它是关于处于你是什么的本质之美中的，你内在备受祝福的那一个的。要深深地体验那一点，让自己沉入，不是让这个体验作为一个答案般下沉，而是作为一个问题。

“这个备受祝福的会是真的我吗？我一直以来定义自己是有价值的或是没价值的，或是某些我在自己的人生当中扮演的社会角色，我是不是搞错了？我是不是已经搞错了，并且忽略了潜藏着的备受祝福的这一个，而它也在每一位众生的本性之中？”

这个备受祝福的自己看起来是在潜藏着，因为它不可被触碰，但它并不是藏在本质之中。它被忽略了，因为我们只是用头脑去看，而我们错失的正是使得它成为可能的那一个方法。我们关于信念、非信念、情绪——我们所有的内在与外在的结构来来去去。只有那个醒着的空间一直存在，并在你内在有着比结构更多的空间。

你是什么，这是唯一一件你不可获取的东西。那就是它的美。除了神之外，你可以获取任何的东西，但你不可能获取神。你所要做的一切就是停止撒谎，并且意识到你就是神。这就像是小我的死亡，它在过去被戏剧化了，小我给了它太多的戏剧，使得它如此荒谬。小我只是头脑的运动，总是想要获取些什么——爱或者神，金钱或者一个新玩具。它总是想有些什么东西能够让它快乐。

小我唯一不能够获取的东西就是你真实的本性。它可以获取成千上万的灵性体验，但它不能够获取你是谁。当下的本质是不能够被获取的，因为它是唯一一件正在进行中的事情。那也是为什么说看到它就被称作实现——你正意识到那个永远的如是，过去的如是，以及未来的如是。任何对此觉醒有过瞥见的人都会发现它是如此的震撼，因为你意识到你就是自己一直在人生中想要去获取的那一位。

它就像是一位沿街乞讨的人却在自己的口袋里发现一个珠宝。也许是因为他总是把手伸向别人的口袋，就没有时间把手伸进自己的口袋。灵性上亦如此，我们将自己的心和双手伸进上师的口袋。我们留意到在他或她的口袋里的钻石，并且喜爱与它在一起。如果你倾听那个指导，这才会有用，它说："也去看看你自己的口袋。看看你自己里面，并且去看看你是否看得到完全一样的宝石。"

你们要准备好。在你把手放进别人口袋的游戏里，你必须完成一个准备。否则，你就可以直接看向当下你自己的存在并且说："哦，这很美。"但是，此后你还是继续去寻找别人口袋里的钻石。我遇到过许多人，他们都在某种程度上意识到他们是谁，但是，他们仍然没有准备好停下来。你需要主动去停止扮演那些熟悉的角色。无论你是在追逐爱、金钱，还是开悟本身，那种追逐会变成你的身份以及你所知道的这世界上的你。如果你没有准备好把那个卸下来，哪怕是你找到了存在的最珍贵的珠宝，你也会因为这个古老的熟悉的感觉而牺牲掉这个珍贵的珠宝。

有多少人仍然留在一个已经腐烂的关系里，虽然知道它没有用了，但是却不知道如果他们离开这个关系会是怎样的？这种倾向在我们的人生中俯首皆是，我们常常带着这样的想法："我要保住这份工作——我恨它，但是我还是要保住它。"或者："哦，我就是那个一直在追求着什么的人，而我如果不那么做，我会做什么呢？"这是人类玩的一个非常普遍的游戏，这个游戏让人们避免走进他们真实的自我。你处在一个不可思议的奥秘之中，而你永远无法搞明白。有意识地成为这个奥秘是一个巨大的喜悦。

准备好走出这个成为之轮（wheel of becoming）与你意识到你是谁、你是什么一样重要。你会开心和解脱，你的游戏也会消失。有一段时间，你可能会不知道该如何与人交谈或是该做些什么，并且，你的生活可能会变得令自己不太熟悉。这是一种非常神秘的存在方式。我的老师过去常说，当你真正地意识到你是什么时，你就像是一个新生的佛宝宝。你不是马上跳出子宫，知道该怎么做，因为此前你一直如此忙着要成为某个别人。它就像是你第一次蹒跚学步。但是，你必须要有意愿去蹒跚，去有一些不安全的地方，因为如果你不愿意去往那个不安全的地方，你就会立即回到你的自我保护以及对旧形式的寻求里去。

做如是实相的爱人，是自己非常陌生的存在的方式。爱上某些东西而不爱另一些东西，是相对熟悉的。但是，当你有了这种只是爱上如是实相的全新体验时，它也是一种陌生的熟悉。就像是那样一种感觉——你知道它一直就是如此。它看起来很古老，但又仿若新生。

在过去的年代，有一些修道院——社会组织机构，在那里，佛宝宝们可以找到他们的双腿。那是些被保护的地方，那里的人们知道发生了些什么。今天，很多的人止在醒过来，比修道院这种社会组织机构能够装下的人还要多。这种趋势也正变得有点失控。而这失控的一部分就是因为缺失一个紧密联结的、可以提供保护的，以及神圣的社区去支持这些新人，并且告诉你不要担心，因为，随着时间过去，一切就会变得更清楚。在我们的社会里，那个新生的神圣的存在觉醒后不久，闹钟就会在早晨7点响起，然后到时候去上班了。这个会让人有点迷惘，但它就是那个样子。那就是我们所得到的。所以，很重要的是有一个意愿，就让它如它所是的样子。当你试着去搞明白的时候，没有什么会比它更快地把（自我）实现再次地隐藏起来了。

去经验我们的存在的实现是有力量的，而后才有可能越来越深地体验它。这种（自我）实现之后，要在这个世界的时间与空间里成长，才会是一种自然的成熟，但它不是一下子就能被呈现出来的。你所需要去做的是去信任它的成熟过程，就像我们相信宝宝会变成小孩，小孩会变成青少年，青少年会变成成年人一样。

慈悲

有两种不同的受苦。第一种是自然的痛。这种痛像是饥饿、身体层面的威胁，或者是当我们失去所爱的人时所处的一种自然的心理上的痛苦。这些都是那种不可避免的痛苦。在这个层面上来谈论慈悲是很容易的。如果人们饿了，他们需要食物；如果人们在经受心理上的痛苦，他们需要空间来将那个痛苦展开。提供那个空间的，可以是一个非常深刻的慈悲的举动，无论它是一个人给予另一个人，还是人们给予自己。我称这种基本层面的痛苦为“痛”，而它可以用一种实际的方法得到满足。迈斯特·埃长特有一种精彩的方式来形容它：如果你正处在一个极大的禅悦之中，而你的邻居饿了需要一碗汤，对于神来说，你给你的邻居那碗汤要比你呆在那个禅悦之中更让神开心。

在慈悲的简单动作中有着喜悦。当我们没

有觉醒于我们的真实本性时，我们也许会出于对慈悲的理念而做一些事情。但是，当我们实实在在地触碰到我们真实的本性时，我们在需求被满足的那个当下里就会发现喜悦。当真我的无私本性觉醒时，我们发现这个本性不会寻求逃避。

现在，第二种受苦——另外的95%~99%——是由内在的分裂状态所创造出来的心理上的痛苦。这种痛苦的发生是由于一个人不知道他的真实本性。完全地了悟一个人的真实本性的标志就是不分裂。这个意思不是说，一旦开悟，你就不会体验到饥饿，或者一个心爱的人死了你不会觉得悲伤。你也许也会体会到头脑感觉到不愉快的一些状态，但是，你将不会感觉到的是那个使最初的悲伤加剧的内在分裂。这是痛苦的另外一层，它是加在那个不可避免的痛之上的痛苦。

真我是不可分裂的，但是那个想象的自我可以很容易地被分裂。大多数的痛苦从那个分裂的自我中升起，因为它只存在于你的头脑中，而你相信它，它向你身体的其他部分发送出信号，然后，身体的其他部分就有了一个情绪化的、受伤的、分裂的体验。在佛教里，你听到痛苦之轮，它叫轮回，它来自于内在分裂的痛苦，一种虚假的自我感。当它升起时，它不停地循环，机械的，而且是非个人化的。无论你想要还是不想要，它都会发生。它与这个世界相关联，因为这个世界就是透过这个轮回之轮来运作的。

轮回完全是对制约的机械化展开。一个人被触动了，并且触动了其他五个人，然后他们又各自触动了五个人，而它继续向外扩散，像是辐射一样，直到很多人都被影响。摆脱轮回意味着从那个转轮的唯一事实中醒过来，这个“我就是带着这些情感与问题的人”的想法是一个误解。我们称之为轮回，因为它并不是真的。它只存在于你的双耳之间。在我们的文化里，我们将轮回的痛苦变成高贵的。想象一下真实的你不是一个待解决的问题，这几乎是亵渎神明的。我们从来没有期望过可以从这个痛苦的轮回中跳脱出来，并且从这个“我”的催眠中醒过来。

想象一下你去拜访一块火星人的土地，你可以看到每一个火星人在他们的头脑里都有着一个个体化的自我感，带着它自己的“我”的故事。但是你可以清楚地看见没有一个故事是真实的。你可以看到他们实际上可以去除那整个的故事——锁柜、库房以及木桶，他们会没事的，因为觉知之光才是真正在活着这个生命的那一个，而那些故事只是要拿走这个光并且使之分裂。每一个人都是觉知之光，但是，每个人都相信他们真实的自己是那些故事。那是疯狂的。但是，当然，人们认为被他们的故事抓住是正常的，因为有一个集体的协议认为这是正常的。小我的疯狂就被视为正常了。

你并不是你相信你自己所是的任何故事。真实的你实际上在故事中是缺席的那个。那也是为什么佛陀说：“没有我。”用现代的语言来说，他也许觉醒了说：“没有我的故事。”你那个分离的、隔绝的我的感觉正是所有挣扎的源头。你不得不挣扎，因为你所注意的是形象和信念的聚合物。你挣扎着想要维持那个分离的自我感，甚至这也包括你挣扎着想要去除自我分离感的过程。当你停止挣扎时，你意识到没有一个分离的我。实际上没有一个自我在那里。所以，自我感并不是一个名词，它实际上是一个叫做挣扎的动词。可是，当你挣扎时，你就会受苦。

人为什么要挣扎？如果其中没有什么是对你有用的，你是不会这样做的。了解这一点很重要，因为灵性人士容易这样想："为什么我不能只是放下它呢？"你抓着它是因为你从中得到一些你认为的利益——你有了这种我存在的体验。它并不会只是带来百分之百的恐惧，从中你也可以得到某种满足感。对于这个与时间绑定在一起的自我感而言，可能会有一些短暂的、了不起的体验。有很多体验，对于这个分离的自我感来说，都会被视为非常积极正面的。举例来说，你走到你的邻居家里，把在牌桌上的他们打了一顿，而在你离开的时候，你的感觉到比先前更好了。或者说你在股市上发了，有一年的时间你感觉到富足，像是处在世界之巅一样，而后，下一年，它就没了。或者你去到治疗师或灵性导师那里，你开始以为你在进步，有一种越来越好的感觉。但这是一种虚假的幸福，不是真正的幸福。虚假的幸福是一种催眠，一种自我欺骗。

自由，确定的开悟，与消亡于实相中密切相关。它是非常简单的。开悟无非就是完全地消除对如是实相的抗拒。故事的结束。还有什么比所有的抗拒及挣扎都结束来得更自由呢？但是，要放弃抗拒实相的挣扎，就不能有任何对自我形象、观点、理念或身份的执著。这是非常重要的，因为灵修人士常常想着放弃他们的身份感，但是却抓着他们的观点、他们对世界的看法不放。他们无法拖着这些进入开悟，因为开悟没有观点，更没有计谋。它对这个世界、自我或他者没有任何伟大的要求。它没有中心。它只是爱着。

那个假想的我有一个中心。它感觉一切都是对着"我"而发生的。"我是这个宇宙的戏剧的中心情节。"这个假想的我在它存在的每一秒钟里都在扮演着主角，即便是在它做梦的时候。那就是我所说的中心的意思。一切都与它相关，而它认为一切的发生都是个人的。

但真相是，没有中心，一切都只是发生。在觉知的周围，有很多的点在跑着，但是没有什么中心。在每一个个体的身体里也许会有一个焦点，但是它与以为万物都有一个焦点的想法是不同的。记得当科学认为地球是宇宙的中心而万物都绕着它转的时候吗？我们认为所有的生命都以同样的方式围着我们转。

你还记得当你有了一个慈悲的想法，就只是想加入到某人对所发生的事情的幻想故事中去吗？你感觉，“我必须支持你的幻想故事，因此你就会支持我的，而后我们会感觉到联结与亲近”。但是，我所说的慈悲的层面却另有所指。这种慈悲意指对真理的奉献。而这份慈悲一开始的动作是与自己有关。这个世界上有太多想要对别人慈悲和想要拯救世界的人。但是，他们不想把它带入自己的内在，因为那将移除那个中心。移除那个中心，那是最终极的慈悲的举动。然后，只有自由——觉醒的自由，去做一个人已经是真实的自己的自由，而那个真实的自己就是精神，而非一个活着的故事的投胎转世。所以，这个对真理的奉献变成一种慈悲的动作。不只是对你自己，也是对别人，而我们开始看到我们对自己所做的，并且自动地也为别人做。

当你从你的故事中醒过来时，猜猜看你意识到每一个其他人是什么？他们不是他们的故事，他们也是精神。而那个精神是完全独立于他们的故事以及你关于他们的故事之外的。所以，你不只是失去了你的中心，你也失去了他们的中心，失去了那个你想把他们装进去的盒子。你看到他们是一样的。这就是为什么说开悟绝不是一件个人化的事情。你不可能意识到你自己是开悟的，而仍然相信其他人不是。你不可能只看到你的真实本性，而没有看到万事万物的真实本性。这完全不可能。这就是慈悲的一个巨人的举动，一个爱的举动。

没有任何事情可以比爱的举动所产生出的臣服更多。慈悲自然地带来臣服。但是只要我们臣服是为了获得什么，那就不是臣服。那是灵修人士的热情——臣服于一切，但是却期待着极乐和完全的开悟作为回报。那就像是在说："我要给你1美元，如果你能回报给我100万美元的话。"真实的臣服更像是说："请拿走我的钱来救我吧。我真的不想要、不需要它。我想要体验那没有它的喜悦。"

臣服是放弃我们关于我们自己的故事，我们关于自己有多么开悟的故事。我们看到自己的故事并没有包含多少真相。我们无法通过修缮它而使它成真。我们不能够将一个虚构的东西变成真相。我们可以使它变得更好一点或更糟一点，但它还是虚构的。开始彻头彻尾地看到我们的故事是虚构的——这就是觉醒。"我的天啊，它是虚构的！"这就是自由。对于小我或是假想的我来说，看到这点是可怕的，因为它还保持着对虚构的兴趣。但是，对于觉知来说，意识到整件事都是虚构的则是一种最大的自由。然后，我们开始看到什么是真实的。

当觉知把它从它对自我、生命或是他人的虚构中移除时，剩下的就是真相。你无法说出那个到底是什么，因为那样的话它会变成一个想法。但是，不带任何故事地去看，去感知，去体验生命，那么，底线就从那个中心掉落出来，这实际上就是你能够为你自己以及他人所做的最大的慈悲的举动，因为那时候你就是"无我"。无我实际上是一件确实的事，没有一个中心，没有一个故事，它不是头脑所持有的无我的形象，只是一个对于自我牺牲的浪漫化的想法而已。无我不带自我而存在。

没有中心根本不是头脑所认为的那样。意识到你早已是没有中心的就是去认识到一个非常深刻而永恒的爱，一种天生的爱——它不是后天产生的。它是无缘无故的爱。没有理由要变得平和，因为你就是。即便是当你没有理由感觉良好或是很幸福时，你还是平和的。爱总是寻找着痛苦的舒缓剂，不是那个故事的舒缓剂，而是那个讲故事者的舒缓剂，而那个讲故事者就是我的幻象。

留意到当你来到当下的任何时候，当下就是极其简单的。你失去了自己所有要去别处、成为某某或是要去哪儿的计谋。当下是完全恰到好处的。你知道你不是一个待解决的问题，你的邻居或这个世界也不是。这对于现今的人类意识状态来说是革命性的。你可以想象说你真的从任何方面来说都不是一个需要解决的问题吗？想象一下，你知道任何告诉你别样情况的事情都只是一个头脑里的思想运动，它在说："无论如何，它都不是它应该是的样子。"所以，最大的慈悲的举动开始于内在。而当自我不再被视作问题时，这就叫"不可理喻的和平"。

当你可以确实看到每个人都是佛，那时候，你才不是透过事物的表面去看待事物。特瑞莎修女有一次说，当她在服侍那些生病和挨饿的人们时，她是在每一个人之中服侍耶稣。这不是一句美好的灵性的陈词滥调，它实际上是确凿的现实。真正的基督在每一个存在之中。它和那句人人皆佛一样。可以感知到这一点的唯一的东西就是内在的基督。只有内在的佛可以感知到佛。只有内在的合一才能感知到合一，而那个我是永远不会感知到合一的。

每个人都会一天24小时不停地发送出他或她自己的实现，像是收音机的广播信号一样。而每一个人也都会接收到它。当你意识到你真实的本性早已是自由的，它是天生的形象空无，并且它是纯粹的精神和临在，你将会看到其他每一个人也是那样的。你甚至不用想这个，你就会发送出这个。如果你认为每个人都是分离的，无论你做什么，你都会发送出那个信号。

带着这个自由，你开始意识到没有内在与外在，因为它都是一，而对这个的看见要比我说的任何话都更有力量。我保证，那个在你的内在看到佛的人要比读上一万本关于佛的书有价值得多。一个人，如果他知道只有一个佛，此外没有其他任何的东西在那里，他所产生的影响要比任何人都大。

慈悲所带来的最深刻的感觉就是，它不寻求去转变任何东西，矛盾的是，它又能转变一切。当你触碰到你内在的自己，它不寻求转变任何事情，而这个会转变你对一切事物的看法。当你的制约触碰到那个没有被制约的内在，它会不可避免地转化你的制约。那就是神圣的炼金术，而且那就是慈悲。

学生：那个对身份的创伤的执著是不是每个人都有?

阿迪亚香提：打开你的电视或者去听听你邻居的话。只要你认为制约就是真实的你的话，它永远都是充满创伤的，是一个灾难。那个身份感并不是天生就是充满创伤的。打开报纸，那是个人的我的故事，那就是它每天在做的。它纯粹是疯狂的。

对真理有更多的联结比想要去除身份更重要。你无法同时既聚焦在你的身份上又去除它。学会去区分什么是真的，什么不是真的。大多数的人，当我的感觉升起时，他们跑得如此之快，要么就是去除它要么就是纵容它，他们甚至都不去看什么是真的。

学生：真理对你来说是什么样子的?

阿迪亚香提：真理对我来说是最有趣的。它也是我唯一感兴趣的事情。它总是新鲜的。其他的一切都是令人厌倦的无趣。对我来说，唯一正在发生的事情就是真理。只有唯一一件事情在进行着，而它永远都是佛，永远是那一个。兴趣会让你去区分什么是真的什么不是真的。那与试着去寻找一个结果是非常不同的。当你不再试着有一个结果的时候，去看什么是真的什么是假的是非常有趣的。

大脑与心智为我们提供了一个工具箱，它有着很多非常棒的工具用来做一些实际的事情。但是，任何外在于这个工具箱心智的想法，都只是一个故事，其中没有真相，其中没有一个客观的实相。两耳之间发生的一切都不是真相，它只是一个故事。当你没有你的故事的时候，你是什么呢?

在分裂之地，总是有些事情要去知道。但是，在开悟时，没有东西是要去知道的。开悟实际上是一个不知道的过程。当你在你的头脑里不知道一切的时候，除了真理之外，再也没有什么了。那种类型的知道无法言说，因为，如果你去说，头脑就立即开始去抓住它并且把它变成自己头脑里的知道，而它除了是一种象征性的代表之外，什么也不是。真理永远不可能在一个象征性的代表中找到，因为那不会是真东西。当我们理解了这一点，它就会切断太多你曾经浪费的时间与你的联系，因为你过去一直在头脑里找寻真理。

真理之火

当你深深地聆听，感觉到亲密，并且允许你自己去如实地体验那个片刻，你的情绪体和能量体会变柔软。现在就花几分钟时间，只是去倾听，并且觉知到你周围的环境。当你开始留意到那些声音的时候，也开始觉知到香味并且感觉到你周围的空间，包括这个房间里面和外面，这样的话，你的感觉就不会被限制在你的皮肤和骨头上。给你自己一个机会，让自己敞开于环境中的声音以及你身体之外的空间感。

留意到你越是放松，这些声音和体验就会毫无防备地穿透你流入你。你会感觉到自己正在变得柔软和敞开。邀请你自己进入这个敞开。你也许会发现那个外面的世界与皮肤之内的发生之间的障碍变得透明了，你也许会感觉到自己无法找到内在与外在的界限。体验外在世界的噪音与你身体之内的发生变成了同样的品质。你身体之内的感觉与一辆车驶过的声音或是树上的鸟叫声没有什么不同。你对身体的感觉不会比你所处的房间里的空间更加真实。留意到，如果你开始对任何经验拿回所有权时，就开始再次将世界分成内在与外在，我的与它们的，外面的声音与我。但是，本质上来讲，它们全是体验，内在的与外在的一样。没有我的或者外在于我的他人的。

定静的临在会打开身体并且像一块海绵一样浸入你，如果你允许的话。一份静默的了悟发生了，它不是话语上的，而是直接的实相体验。允许你自己接收这个伟大的礼物，即不去寻找某些另类的体验。不去想，不带有哪怕一个念头的运动，去体验这个是什么？那个体验是什么？

认出那里只有一个无物（nothing）在体验着这个片刻，但即便是那个无物还是已知的以及已体验的。有一个奥秘知道，是某些奥秘的东西体验着这个片刻，但是你无法说它是什么，因为当你说它是什么的时候，它都不是那一个。它是更接近的，更即时的。一旦你想着它，你会看到它不是那个想法。它是先于那个想法的。不必有描述，所以，只是呆在边缘吧，呆在悬崖上，呆在那个直接的体验里，直接去感觉，虽然你并不存在，但是你又知道你存在。

关于这奥秘的一个念头将把天堂与地狱分开。念头将整体撕成碎片以便头脑进行分析，但是静默使之统一。对这个片刻的体验是临在的也是不可抓住的，可知的却无法被定义的。这就是那个不可被抓住的觉醒。你可以牺牲掉那个试图去定义和抓住的无谓企图，只是放下它。也许，你压根就不是你。也许，你是那个觉醒于当下内在体验的这一个。与其去知道它，不如找到一个意愿去成为它。当身体打开时，声音仍然流经静默。你内在的什么知道它自己就是静默？这是无法定义的。如果你迷失了，再一次去听那些声音。它们会回头指向那个静默，而它又会再次指回知道静默与声音两者的那一个。不要迷失在你的念头里，也不要错失你的生命。就是简单地放松、放松和放松。这是信心与信任的最简单的举动。

这份在你内在觉醒的醒觉知道它自己。这个头脑不知道它，身体不知道它，而情绪也不知道它。这个醒觉只有它自己知道自己。这个真理是简单的，它超乎所有的理解之上。它是即时的，先于所有的寻求。它永远都在，在这个当下的体验的每一个方面展现着它自己。

你永远都有两个选择。一个选择是熟悉的那一个：为了别的什么事情而牺牲掉这份神秘的醒觉。第二个选择是，无论你在哪里，都不去牺牲那份清醒以及临在。你可以因为承诺了下一个更好的时刻、更好的活动，或是更美好的体验而选择不去牺牲掉这个。这是你的选择——真实地对待那些真实与虚假的东西。而这就是真理之火。觉醒于当下的这一个，如你，在你之内，揭示出每一个其他的争执都绝对与己无关，无论它是什么。这份自身的醒觉放弃掉一切不真实的不相干的东西。这份静默燃尽你对任何事情的紧抓，并且让你真实的生命自由，毫不妥协地活出它自己。去感觉这份来自这个醒觉的内在的邀请，放下其他的一切。这份邀请让你停止与生命，与这个当下，与你自己、你的老师、你的朋友、你的伙伴的讨价还价。停下来吧。这把火是看不见也未知的，但是它燃尽一切，除了它自己。这份在当下的醒觉就在整个存在的全部体验的中央，就是它！

每个人对于他们要给自己的人生什么都会有选择。也许这个选择从来不被知道，或者这个选择从来没有被意识到。现在，它被意识到了。对你来说什么是重要的？你想要给你的灵魂带来些什么？我不在意你作什么样的选择，而神也不在意你作了些什么选择。但是，你在意，而你是那个唯一在意的人。

你内在觉醒的那一个听见声音，并且留意到当你睁开眼睛时出现在你眼前的景象。不要让自己迷失在景象、声音和感觉里面。在它们面前充分地敞开你自己，但是不要动。停留在静默与醒觉中。这种一个片刻接着一个片刻的选择就是真理之火。它不会在它的醒转里留下戏剧的造作。在它的醒转里，它留下一些无法言传的东西，它们比喜悦或是和平或是兴奋更令人满足。在任何时刻，假如出卖这个觉醒的你，要觉察并且醒觉于你正在出卖的是些什么，要搞清楚这个买卖是否是你想要做的。或许，通过一些恩典，一些好运气，你认识到你内在再也不想出卖那个觉醒的，哪怕那是为了安全感或是来自他人的好的意见。认识到这个真的是个恩典。

它绝对简单。在某个片刻，你获得了一种免于协商和讨价还价的人生。这就是真理之火所要去除的：你与实相之间的协商与讨价，那个想要改变任何人或任何事的欲望。你意识到没有改变——哪怕是你自己的改变——会使你更快乐。要完全地接受这个礼物，它必须被无处不在地给予每一件事与每一个人。这个觉醒压根不想要任何人去改变或是提高。这就是那把火。那就是那火的灰烬。你意识到：“一分钟之前，我想要你改变，但是现在我不了。你很好。每个人都很好，而一切都很好。”发生什么了？没有人改变，也没有人要适应你的模式，但是，有一种幸福在那里，因为他们没有改变使得它更加美丽。它更加美丽是因为众生与生命的多样性。那个觉醒的对于我们每一个人都一样。而其他的一切都是多样性的一个美丽而精彩的表达。

一旦我想要你改变或者你想要我改变，就会有一把匕首戳进我们存在的核心。你会立即地、个人化地以及近距离地感觉到它。这就是那个真理之火能够从你的手中拿走的。很奥妙的是，在那个释放中，转化的能量被释放了。一切都被转化了——不只是我们自己，还有我们周围的每一个人。真理之火将你带入到你身体的细胞里进行转化。不只是你所在意的或是你意欲如此。它的发生只是因为你没有在意它。一旦我们在意，转化的能量就会被用盒装回去，而一旦头脑试着用盒去装这个真理，想要以它的概念去理解它的话，那就像是把一块沉重的石头砸向一面镜子。那个体验被打散了，而瞬间你就会感觉到你的头脑与身体里的紧张。这个转化要求最深沉的谦卑，却不要你带有谦卑的感觉。

所以，我的邀请是请你不要视而不见，不要让自己离开那个你已经留意到的。不要去提升那个已经是完整的你。退还那些偏好。那就是对这世界的拯救。退还那些偏好，并且看到它就在那里。无论在哪里，你的左边，你的右边，你的后面，上下颠倒，在你的脚下。看到那里很完整。那就是万物的转化。如果你没有在你周围的万物中看到完整，那就是无明的继续，暴力的继续。不要牺牲掉那个觉醒了的你。不要认为它不存在。不要讨价还价，将它置于你生命的表面。

学生：当我看新闻的时候，我感觉到如此大的一个争执，也试着再重建一个观点。当我在这个世界的问题面前，我能怎样把持住这个真理呢?

阿迪亚香提：对于那个正在发生的事情来说，话语是如此渺小的一部分。真理是无法用语言来表达的。它真的是那个静默的事物，而无法解释。因此，同样，在我们内在，那个非常有力量的和转化性的东西以某种方式影响着这个世界，而我们的话语是无法做到的。而且，无论我们的话语如何，即便是我们在说着“和平，和平，和平，世界和平”，或是“赈济饥民，赈济贫苦”，如果我们的内在爆发着战争，随着每一句关于和平的话语，我们所传达的就是冲突、冲突、冲突。哪怕话语并没有说冲突，但它还是不可避免的。我们是谁才是我们所传递的，这至关重要。

我发现人类很惧怕统一，因为在这个统一里面，没有人从这个统一中分离，没有人想要去作决定或是命令那个统一该如何行动。而小我知道在那个统一里，小我消失了。它扮演着零的部分——无、完事儿。而这个小我会说：“一切都还好吗？我将要消失在暗室里，而不再关心任何人、任何事，只是坐在那里，这是神的意志吗？”谁知道呢？如果统一想要你坐在暗室里，那就是你要做的。如果它不想让你参与进来，那就一定会发生。而如果它想要你参与进来，你将还会有能力深入地参与到那无论是什么里面来。

人类从分离而非统一中出发，他们所做的99%的活动都是如此，无论他们以为自己是在做好事还是坏事。当你出自分离时，那就是你将传递的一切。当你出自统一时，你也许还是被叫着或被拖着去做同样的事情，一如当你卡在分离之中一样。活动可能看起来非常相似。你也许还是在写着参议提案或是满世界地飞，但当你是出自统一而做的时候，它是如此不同。而且，当它是这样时，你知道它是如此，因为你的感觉是：“我甚至都不知道我为什么要做这个。”那意味着不再有任何的冲突来驱动你了。因此，你不会因为一切都还好这样的理由而跑出来。而且，从那当中，有些事情开始活动了。头脑无法搞明白为什么当一切都还好的时候它还要活动。那就是当你了悟你正出自统一而动。你是出自“这个世界是可以的”这份感觉而动。这个世界不需要你、你的信息或是任何你做的事情，但你只是在动着，或者被推动着去做你所做的事情。

很神秘的是，这个运动不是因为某个原因而发生。它只是生命恰好通过你而运动的方式。你也许是一个像甘地一样的人，想着去采取些什么行动。或许你就像是罗摩纳大仙并且说着：“一切都是神的意志，所以，干吗要去参与？”

头脑总是想要说：“这些哪一个是对的？”往往，你的选择是基于先入为主的想法，关于这个世界什么样的选择是对的或好的。这是一个欺骗。头脑并不知道。就像生命可以是一棵橡树、一个池塘、一块石头、一个湖，或者一辆车，它可以是一个非常活跃的或是非常消极的人生，这所有的一切都来自于同一个源头。你感觉到它了吗?

学生：我感觉到了。它就像是有一个力量在里面。而当我听到你说“它都是可以的”，在我心里有一种感觉，它是可以的，无论有没有动作发生，因为那里有着和平和接纳。

阿迪亚香提：然后，生命就会根据它自己的要求前行，不是那个我根据你的计谋而前行。这些大不相同。当你看到那个发生的改变时，你可以看到一个人激励了成千上万的人。一个人（甘地）带着一个愿景把这个世界上最强大的民族踢出了印度，实际上是说服了他们离开。暴力是不可能做到的。“你们很烂，你们不应该在这里。”也不可能做到。英国人还会在那里。但是在那个对真理的看见里面有着如此大的力量。从真理中流出的活动有着如此大的潜力。任何出于其他动机的运动或行动，都是暴力。

我认为，你打开电视去听那个你最讨厌的家伙，那个最能够触怒你的家伙的演讲，这就是个伟大的灵性修炼。当你可以在那里看到神时，你就快得到了。如果你每次看见那个人你都得关掉电视，而他会让你怒火中烧时，你还有很多的工作要做才能醒过来。

开悟

这些年我都在演讲或是与人们讨论什么是自由、开悟以及解脱，我发现大多数在寻求开悟或解脱的人都不知道这个开悟或解脱到底是什么。具有讽刺意味的是，那些为此耗费了大量的能量的人们，他们甚至某种程度地牺牲掉了他们的生活，透过把他们自己锁在修道院里，或者当城里又有一个新导师来了他们就来参加萨尚，而且把他们剩余的钱全都花在书本、周末的研讨会以及像这样的夜晚上，人们来这里热切地思索着灵性的事情，但是他们真的不知道他们在追求的是什么。

当我问人们，他们认为开悟是什么的时候，这对我来说有点震惊。最诚实的人通常会抓抓他们的头，就像是这会让他们突然一下明白似的，然后说："我真的不知道。我不太确定。"而那些还不太有能力表现得那么真实的人通常会随口说出别人说过的话，比如：

“嗯，那是与神联结。”其他的人会冒出来他们自己的想法。用现代的语言来说，我们称那些为幻想。“当开悟发生了，它就会是……”通常那个期待是，它将是一个永无止境的高潮。

在禅宗里，我们说：“如果你坐下，闭嘴，面壁足够长时间，有些事情会发生。”很多人做过这个，而后有了一个很享受的体验——也许是一个非常延续的、愉悦的状态，可以持续几分钟或是几个小时，或许，如果他们幸运的话，可以贯穿整个闭关。也许这样的感觉只持续几秒钟，它发生在一个静心里，在头脑说“现在如果我只是无限期地延长这个体验，自由就会是这个样子了”之前。

然而，我对开悟的体验只是简单地对一切我所以为的事情将会怎样的一个摧毁。而我还从来没有遇到过一个真正觉醒于真理的人说过任何与那个不同的话。我还没有遇见过一个人走过来说：“阿迪亚，你知道吗，它非常像是我过去认为它将会是怎样的那样。”他们通常回来说：“这与我过去所认为的完全不相像。这完全不像我以前在人生中所经历的任何灵性体验，包括对极乐、爱、与神合一，或者与宇宙意识合一的体验。”

还是那句话，像是禅宗里面讲的：“如果你坐下，闭嘴，面壁足够长时间，然后，所有这些体验都将发生在你身上。”然后，猜猜对于那些体验来说，将会发生什么？它们都将过去。现在，大多数人都知道这个，但是他们假装不知道。大多数已经有了一整串灵性体验的人们知道它们中的任何一个也不会持久，因为，如果它们会的话，自己就不会仍然追求下一个体验。所以，大多数处在这个灵性游戏当中足够久的人们都知道没有任何的经验是会持久的。

没有人想面对这个。学生们可以听过成千上万次说开悟不是一种体验，但是他们仍然会带着这份关切来到萨尚："阿迪亚，当我来萨尚，我在这里所得到的，等我一离开就失去了。"而我总是说："当然，你有些什么样的体验并不重要，你将会失去你的体验。这就是体验的本性。"

如果说自由不会来了又去的话会听起来不错，但是，头脑能做的唯一一件事就是保持它的想象，就是想象有一个无止尽延伸的体验不会来了又去。而后，它想："我没有赶上那个无止尽延伸不会来了又去的正确体验，我没有正确地得到它。"

我绝对没有要夸耀的意思，由于某些原因，在我作为一个禅修的学生坐着面壁15年的时间里，发生了不同的体验。这些事件包括头脑爆炸式的昆达里尼的体验、神秘的联结、极乐，以及被神圣的光与爱所冲刷。像大多数坐着面壁的学生一样，我发现，只要我想着要这些体验能够经常或者持久地发生，那么它就几乎不会发生。在这个旅程的某个特定的点上，我会有一种倾向去想："这就是它！这个体验带来如此无法承受的愉悦，这个必须是它了！我的意识无限地扩展，而我几乎无法承受，被越来越多的洞见所冲击。如果你想要这些体验，有一个处方可以得到它们：只要一天坐着面壁数个小时。

但是，我收到了不可思议的恩典——这是我后来发现的，它正好从其中一个最美妙、最美好的体验中出来，那时候它不太经常发生，一个讨厌的细小的声音每次都会跑出来说："继续，这不是！"我的其他部分会想着："这真的就是，因为我身体和头脑的一切都在告诉我这就是。所有的信号都出来。这种愉悦是如此巨大，它必须就是了。"而后，一个细小的声音会插进来说：

“不要停在这里，这个不是它。”

如果我当时有选择的话，我也许会抓着那个细小的声音，把它扔到窗户外面去，因为我注意到其他人也有了这些伟大的实现，但至少他们可以享受几天、几周，有些情况下是几个月，非常确信他们已经到达那种状态。而我极少能够呆在这些实现的状态之中十分钟以上。那个意思不是说它会马上就停止发生。它的意思只是说，当它发生的时候，在一个怀疑的阴影下，我知道它不是，无论那个体验是什么。我说这个是巨大的恩典，因为它一次又一次地将我推出那个我想要安定下来的地方。

如果你紧抓住任何的体验，一旦它离开，你将体验到痛苦。美妙的是，这种如此惯常的痛苦不是让我们继续前行，而是促使我们来一个180度的转身，去寻找那些我们失去的体验。许许多多次的这种痛苦完全是浪费时间，因为我们没有学到那个功课，也就是说，任何来来去去的体验都不是开悟，而我们却试图无止境地重复它或维持它。

如果我们真的幸运的话，要么我们马上就会知道一个经过的体验不是，要么就是那个体验自己淡去，而我们不会转身180度走回头路。我们认识到无论那个体验是什么，它都不是开悟。因为所有这些体验都是一个发生于我内在的东西，而任何一个发生于我内在的体验都是被时间所束缚的，它仅仅意味着它将来了又去。对于我来说，这是一个恩典，因为我看到无论什么样的直接体验都不是我所寻找的开悟，它不可估量地缩短了我的旅程。

当我们在谈论寻求开悟时，开悟这个词在灵性的辞典里是被滥用最多的一个词，我们真正在寻求的是有关这个问题的答案：什么是真理。那个问题与“我要如何才能得到那个体验”以及

“我如何才能保持它”有着完全不同的导向。“什么是真理”是一个摧毁性的问题。灵性体验中的绝大部分问题都是建设性的项目。我们一直在提升、提升——理念在提升，昆达里尼能量在提升，意识在提升。它只是不停地建设，而一个人感觉到：我正在变得越来越好。

但是，开悟却是一个摧毁性的项目。它只是要显示给你看，你曾经信以为真的一切都不是真的。你认为你自己是什么的一切，无论你的自我形象是什么——好的，坏的，或是冷漠的——你都不是。你认为别人是什么样的——好的，坏的，或是冷漠的——都不是真的。你以为神是什么，也是错的。你不可能对神有一个真实的想法，所以，你关于神的所有想法很精准而确切地告诉你真正的神不是那样子。无论你认为这个世界是怎样的，它精准而确切地告诉你这个世界不是那样。无论你认为开悟是什么样子，它也同样会精准而确切地告诉你不是那样。

你了解它的意味了吗？它是一个清除项目。它清除些什么呢？一切。而且，除非它是对一切的清除，否则它就不是终极的解脱。如果还有一件事或者还有一个观点没有被清除，那么，这个解脱就还没有真正地发生。

在大多数人的生命中，一切都是关于对真理的逃避的。我们在逃避的那个真理就是关于空无的真理。我们不想看到自己什么也不是。我们不想看到自己所相信的一切都是错的。我们不想看到其他每个人所相信的都是错的。我们不想看到自己观点是错的，而那里也没有正确的观点。我们不想看到我们所以为的关于神的一切都正好不是神。我们不想看到佛陀所说的没有我。

我们宁愿很快地插入一个正面的宣言，而非去看到没有我存在，并且，头脑以为是真的而紧抓的一切最终都是空的，我们的头脑会很快地插入一些正面的东西，比如“我是意识”，或“一切都是极乐”，或“神是爱”。我们不想去看到在我们存在的中心有一个巨大的真空。

在过去的几百年里，当灵性以一种语言所能表达的尽可能接近真理的方式被说出来时，它也会以最快的速度被掩盖起来。甚至是在禅宗里——就我所见的各种追寻佛陀的开悟体验的形式当中，它是更加纯粹的一种——也常常有着一种对核心教导的回避，那就是：无我。当你翻开一本杂志的时候，即便是一本佛学杂志，你都不能找到有关这个核心教义的教导。它不在那里。相反，大多数的灵性文章告诉你要如何更加慈悲和有爱心，如何更好地静心、数息、颂咒，或是观想你的神明，等等。即便是在佛学中，它也常常是被掩盖起来的，虽然要掩藏这个创始人的核心教义——无我——是有点困难的。即便是没有被藏起来，它还是极少被谈及，而即使被谈到了，也是某种乔装改扮的方式。关于开悟的真实教导就像是一把利剑，它嗖的一声直指你正在行走的方向上。它们会砍下你的双腿，你发现你自己脸朝下地趴在地上，血流了出来。

很久以前就有这种说法，是真相让你自由，而你可以对所有人包括对你自己做的最慈悲的事情就是，说出真相。不能让我们解脱的是，告诉我们自己或者相互间说的话只是那些我们想听的。那不是慈悲。那是一个隐藏的残酷，因为它奴役着我们，让我们无休止地追求着并不存在的东西。真理也许会使我们的头脑感觉到某种程度的无助，但那就是全部的重点！那就是臣服的意思。臣服的意思不是说：“我去为了神放弃一切，放弃我的生命，我的心，我的一切。我要放弃一切，如此，我就会得到那个最终极的灵性好处。”很多人围着喜马拉雅磕十万个大头[10]，他们这样做的唯一原因是因为他们认为他们将得到最终的好处。你们有没有想过这个？如果我不认为它将给我带来最终的好处，我是不会做的，看在上天的份儿上。十万个大头真的是痛苦不堪啊。

臣服是一种同样的叩首，内在或是外在，但是，它不是为了寻求任何的回报。除此以外都是游戏，是小我的游戏。“我要假装有灵性，因为它将给我些东西。”真正的灵性是：“我只要真理。我宁愿放弃一切不是真理的东西。我是否喜欢放弃它并不重要。它是否动摇我整个存在的根基不重要。而且，也不是因为我想要获取一个自己能够抓住或占有的真理。我想要真理，是因为本性如此，而非作为一种获取。”必须有一个绝对的释放，一个绝对的放下，但不是为了获得某种回报。最绝对的放下是放下那个在放下的人。在开悟里，没有什么东西是为了这个我而存在的。

从某种感觉上而言，开悟就是意识到没有分离的自我。我们也许听过一万次了：“没有分离的自我。”但是，当我们把它带入内在并且认真地考虑它是什么意思时，会发生什么？我们也许会发现，我作为一个分离的自我所信以为真的一切都不是真的。

品尝到没有分离的自我是一种全然的解脱。“没有分离的自我”的意思不是说有一种类似这样的灵性体验：“我已经让自己无限地扩展到每个地方，而且已经与万物融合。”对于一个分离

10　又叫“大礼拜”，是指脸朝下、全身着地的一种叩拜方式——译者注。

的自我来说，有那样的体验是很美、很精彩的，但是，那不是合一。合一并不是融合。融合发生在两者之间，而因为只有一，那个体验可以是很美丽和精彩的，但是，任何融合的体验都只是一个幻象与另一个幻象的融合。甚至是当我体验到自己与那个绝对的、无限的神融合的，那也只意味着是我幻想的自我与另一个幻想融合在一起。神秘体验并不是开悟。

合一是当不再有另一个。合一是——只有这一个。没有那一个在那里，只有这一个。这就所有的一切。只有这一个，而且，一旦你要说这一个是什么，你就已经是在定义那不是这一个的。要认识到这一个，只有在摧毁那个不是的一切时才会发生。然后，那个觉醒就是在那个来来去去的一切之外的觉醒。它完全是一个外在于时间的醒转。

这个觉醒就像是从晚上的睡梦中醒转过来——那也是为什么几百年里这个比喻会如此经常地被使用。梦境如这个片刻一样真实。如果你在梦里感觉到你的生命受到威胁，你会像你的生命现在就受到威胁一样觉得恐慌。但是，当你早上醒过来，你会想："太好了，这不是真的。"当做着梦的时候，它就是真的。因为梦存在它才存在，但是，它不像我们在梦境中所以为的那样真实。

人们不知道从夜晚的睡梦中醒来是多么的重要。你切切实实地从这个你曾经信以为真的维度里醒过来。它是一个意识的巨变。我曾经在梦中信以为真的一切最终都以不真实而结束。

当有一个真正和真实的灵性觉醒发生时，那个冲击力确实是相同的。我不是在说这个世界是否是一个梦境——要去定义这个世界是没有意义的。但是，我现在说的觉醒的体验也确实是像那个样子。它的体验是："我的天啊，我以为我是一个名叫某某某的人，而我不是。它的意思不是说我是一个更好的、更大的、更扩大的，或是更圣洁、更神圣的。它只意味着我不是。"

并不是说没有一个身体，显然有一个身体。那不是说没有一个头脑，显然有一个头脑。那不是说没有一个人格，显然有一个人格。也有一种自我感存在。开悟与否，你都会有一种自我感。否则的话，意识无法在一个身体里运作。否则的话，不会有人喊你的名字，而你却没有回应。就我所知，古往今来每一个圣者在某种程度上都有能力回应。

罗摩纳大仙实际上用一种相反的方式来处置，他说："只有（真）我"[11]，它与"无我"正好颠倒。它是同一件事。当没有我的时候，那还有什么？我们会怎样称呼那一个？罗摩纳大仙决定叫它（真）我。但是，这个（真）我只有当没有我在的时候才会真正地在。

我保证你会在开悟之后，还有一种自我感。如果没有自我感，你的身体将无法运作。所以，从某种程度上来讲，当你开悟后，你将会失去你的自我感。当你静心的时候，你也可能暂时失去你的自我感，因此，有些人叫你的名字时你可能会不回头。在印度他们叫做"那维卡帕三摩地"（nirvikalpa samadhi）。那是一个很美的体验。有些洞见会出自其中，有些洞见也许不会出自其中。你会有一种自我感暂时停止的体验，但是我保证它将是暂时的，因为没有自我感的话，你的身体无法有功能。

---

11 作者在原文中用的"自我"与"真我"是同一个词——self，其区别只在于前者用的是小写的self，而后者用的是大写的Self——译者注。

如果你真的落入无我之中，它是在时间之外的，这个意思是说，它既不是持续很短的一段时间，也不是持续很长的一段时间。它是一种无时间的感觉，而如果它不是的话，那么，你就还没有实现它。那么，你充其量已经有了一个体验叫做“我暂时失去了自我感”，而这个不是无我的意思。无我意味着，无论有还是没有自我感，你直接彻底地领悟到没有自我，而它也同样意味着没有他者。只有一样东西在进行着，无论你叫那个东西什么，上帝、神、意识、佛性、空性、圆满、左派、右派，都不要紧。只有唯一的空，以及它对自己无限的呈现。

自由是那个终极的摧毁性项目，因为它从你那里偷走了一切。那也是为什么它是解脱。它偷走你和你自己的争执，因为没有了。它偷走了你和别人的争执，因为这也没有了。它偷走了你与这个世界的争执，因为只有那一个。只有一样东西在进行着，而它绝不会与它自己有任何的争执。绝不，从不。那就是为什么它是如此令人自由，因为你摆脱了这个无休止的二元对立。

当有一个对于我们真实本性的觉醒时，我们的头脑就不再会看着空无，因为没有一个分离的某某要去看着。我们认识到唯一那个看向空无的东西就是它自己。那也是我先前说没有一个个体的开悟的原因，只有唯一的开悟。开悟醒过来了。既不是你也不是我。你和我变得不重要也不存在了。开悟醒过来了。那也是为什么说每个人都是天生开悟的。但那句话也是一种误导，因为它提示着每一个都是分离的、特别的、独特的小小的某某人，他是天生开悟的，而这也会让你错过要点。一个幻觉是不可能开悟的。所以说每个人都是开悟的不是真正的真实。唯一真实的是，那个开悟是开悟的。

那个开悟的另外一部分就是，它从你那里偷走了一切。那也是你可以认出开悟的办法——无论身体经历了怎样的事，它完全是被打劫到发蒙了，而它知道这个，但是它不能够不在意。不用有那么多的观点，被打劫到发蒙了是如此开心的事，不用去相信头脑里的意见——它还是会有些意见，因为还有一个身体、头脑以及个性在那里有着它们的想法——但是，这些现在看起来都无意义了。那就是你领悟到有些真实的东西发生的时刻。

我已经谈论起开悟的许多积极的方面了，但是，没有办法让你可以真正看到真相，而且，你也不能够在你的余生中就那样咯咯地笑吧。没有办法让自己不至死都热爱这个世界，哪怕你知道它都不如你想象的一半那么真实。没有办法让你不一百倍地更爱上人们，哪怕你知道他们不是如你以前所想象的那样。但是，我不想对那个想象谈论过多，因为你的头脑开始以为它是递过来的一把糖果，而实际上并不是。它是一把递过来的剑。

提示

当你从分离的梦境中醒来，并且意识到自己就是那个本源时，你需要去发现将这个启示运用到你的生活中的那些提示。当你意识到没有外在于你的东西时，它会让你瞠目结舌。一切都是一，而你就是那个一。

当我第一次开始教学的时候，我想要相信，所有的人都必须有觉醒的体验之后才会前进。现在，我知道，没有太多可做的。我发现很多人确实有了那个本质的、经验式的觉醒，绝对地领悟了他们是谁或是什么，但是，那些有了这些体验的人们还是很少得到自由。因此，我当然要开始问自己为什么。觉醒于实际的鲜活的体验当中，知道你不是身体、头脑以及人格，而是自由，最开始它确实是非常令人自由的、非常解脱的，但是，大多数人都被那个觉醒的情绪副产品带走了，由此而错过了那个真正的重要性。

所错过的事情之一就是对于那个完美的合一的启示，即你是那终极的源头的启示。你可以拥有一个你是自由的体验，因为你不再认同于你是头脑、身体和人格，但是，除了有一个模糊的合一感之外，只有极少的个体拥有一个真正清晰的对完美的统一认知，即它实际上生来就存在于觉醒之中的。

它非常像是当你在晚上做梦的时候，你认同于某些角色，并且认为你与所有其他人都不同。当你早上从梦中醒过来时，你意识到你不是那个梦中的角色。你是那个做梦者。梦中的一切都出自于你。这也是对灵性觉醒的一个隐喻，因为当你在灵性上觉醒时，你意识到你不是这个身心体。但是，通常被错过的是，你就是那整场梦的终极源头。我想这是相当容易理解的。一方面来说，你看到你不是任何人，但是另一方面，你认识到你是一切的源头。

为什么认识到这一点如此重要？因为在觉醒里有着这份天生的提示，从这里你可以找到任何真实的灵性启示的所有价值。你是那终极的源头，而一切都是完美的统一，外面的一切实际上都是你，与你相等。所以，在这份对统一的天生的启示中就是意识到没有一个所谓的“他者”。没有别人，因为一切都最终是源于自己。

我知道有的人，他们已经有了这样的认知，而后他们所做的第一件事就是，回到实际的生活中还像是那里有一个他者一样。哪怕他们已经有了体验式的瞥见，知道那不是真实的，他们还是仿佛那里有个人的我和个人的你那样地过活。所以，在很多情况下，体验式的领悟还是不够的。但是，如果你有了那个没有他者的启示，并且你对那个提示好奇，那你可以想象它会如何改变你的人生吗？如果你问：“这个对于我的余生来说会意味着什么？”那会怎样？

大部分人的生活是基于那个自我与他人的想法的，作为个体的我和你。但是，没有他人的这个启示，突然间就没有了一个所谓的个人关系了。人们能够怎样活在这个提示里呢？从根本上来说，当你确实知道并且活在那个没有他人的状态里时，哪怕表面上你还是在这个世界上与自我与他人联结，它意味着什么？大多数只对个人的开悟感兴趣的人认为，“只要我自由了，没有人可以对我要求什么”，或者“我将要试着教导别人如何开悟”。要个人的自由并没有什么不对，但是，如果你一路追问这个问题会怎样？如果没有个体的我，你怎么可能自由？是谁要在那里开悟？

过去很长时间里我有过的一个最痛苦的体验是，当我在萨尚里展开有关关系的理念时，一个接一个的人会提出他们的问题：“我在我的关系里没有得到我想要的”，以及“我想要知道如何有一个更好的关系”。学生们问我是如何体验关系的。我的妻子安妮告诉他们：“我们不想从彼此那里得到任何东西，而且我们也不利用我们的关系去解决事情，因为那不是一个关系存在的意义。”这话被忽略掉了，所有的那些问题还是不停地被提出来。

去看看那个“没有他人”的觉知背后的提示。当你醒过来，你从这个“我和你”之中醒过来。如果你意识到那个意味着什么，它会让你目瞪口呆。如果没有他人，就没有个人的关系。任何关系的全部问题就在于，一个或两个人完全不认真地对待那个“没有他人”。没有一个人要去从他那里得到什么，没有一个人要去改变，没有一个人要去需要，或者去满足一种需要——所有的那些都是一场梦幻。当你不只是追求一种灵性体验，而是努力去理解那个体验里有什么是天生的，这就是挑战了。

觉醒的体验就像是宇宙大爆炸一样的个人体验。它最初的启示只是一个开始。它开始的时候是无物，就像物理学家告诉我们的那样，而后，一个小小的闪动最终形成了整个宇宙。在开始的时候，你也许已经看到了这个闪动而没有认识到其中有什么样的天性，而如果你从其中转身，你就错失了一切。如果你观察那个所谓灵性觉醒的闪动，会发现它所持有的潜能与宇宙大爆炸一样多，甚至更多。

许多人问："我要怎样将我的灵修整合进我的日常生活中？"你不会，你不能，你怎么可能整合它？你不能将那个无限塞入你有限的生活之中。相反，给你的生活带来神圣的刺激。没有整合，只有实现，而那个实现永远都是一个完美的摧毁者。它是所有分离感的摧毁者，它是那个不真实的东西的摧毁者。把你的生活扔进真理中。不要试着把真理塞入到你的生活中。

甚至当你变得非常认真或是努力去加深你的实现，更深地看到它里面，那个你与他人的表象还在继续。如果你没有完全把你的实现带入到你的关系中，它还是会像它以前一样继续。那些片段也许会重组，但是，关系的维系或多或少地基于你要从彼此那里得到什么以及如何解决事情。当你走得更深入时，提示出最多的实现就是没有他人，这个实现本身就会重组那个表象之梦的运作。关系感会以不同的方式运作，因为你已经真的意识到没有一个所谓的你和我之间的个人的关系存在。它会自发地重新指挥整个关系世界的工作，而不需要你付出任何努力去控制它。要使得这个关系更好，就只是更多地醒过来。它也许会按照你想要的方式去改变，也许不会，但是它会改变。更多地醒过来。因为，当你真正觉醒，事情就只是它们本来的样子而已。

你不需要一个老师来解释没有他者的提示是什么——你需要为你自己去作解释。

学生：更多地醒来是什么意思？

阿迪亚香提：许多老师把它与你晚上做梦相联系。当你做着一个令人愉快的梦，那时候你差不多醒了，但是还没有完全醒，而后你又回去睡，因为你还想接着做梦，你们都知道它是什么样的吗？所以，在你翻身接着回去睡觉的时候，你后来再次醒过来，并且意识到你在做梦，但是你晕晕乎乎的，而且甚至都不知道自己是否想要醒过来。大多数的灵性求道者，即便是有了一个巨大的灵性觉醒之后，还总是晕晕乎乎的。他们来回反复，而且不确定他们是否想要醒过来，因为他们在那里看到了一个完全不同的世界。他们想要从那些坏的东西里面醒过来，又还想继续那些好的东西。他们切切实实地想要回到他们的关系里面睡觉，因为他们知道，如果他们真正地醒过来，事情也许会以不可预期的方式改变。

当你是晕乎的，似乎有很多的东西要放弃，而又不确定到底要不要真正醒过来。但是，当你真的醒了，你知道它是一个梦，你就不想再回头。如果你想要真正的自由，你必须付出努力完完全全地醒过来。你会失去对那些不真实的东西的兴趣，而只对真理感兴趣。那些各种形态的分离的梦境状态对你来说将毫无乐趣。

当你在晚上做梦的时候，谁在控制着这个梦？你是那个做梦者，你提着所有的线。所有梦中的角色都信以为真地以为是他们使之发生的。但是，其实是做梦者指挥着整个事情。当你做梦的时候，你忘记了那个。那个超越的梦者也是那个创造这个世界之梦的人。如果你想要在这个世界上带着任何的恩典而有运作的功能的话，你是不会忘记那个的。这是一个迷思，你应该让那个超越者离开，以便自己能回到这个世界。

关于整合的整个想法或者你无法呆在那个超越之中的概念，在我们开始自己去检验它是不是真的之前，它看起来好像很有道理。但是当你看向你自己的体验，并且问一下灵性实现是如何工作的，你开始意识到我们所谈论的这么多的东西都只是荒谬的——它是盲人领着盲人。

这个你所看到的和你所称呼的老师都只是你自己创造的，它是你的梦，而你正在这个当下创造着它。如果你让你自己变得有觉知，你将会觉知到你正在创造它，并且那个听者与说者之间的分离都只是一个表相。如果你是觉醒的，你就会清楚地看见它。但是，制约会把你拖回到那个梦中。这不要紧。你必须不断地质疑那个梦本身。

有时候我们会被一个不寻常的体验冲昏头脑，但是我们却错失了一些更深刻的东西，就是那个东西导致了觉醒的实现。我们需要去问："我为什么会有这样一个观点？"质疑它。好奇和询问是重要的。你拥有一个超越性的体验的原因是你从直觉上掌握了真理，它就是简单的事情真正的样子。从灵性上讲，"我是什么"这个问题是那个直接去到事情心脏的问题。

那个无限的智慧是——你实际上是什么，但是你必须要足够认真地去为自己找出来什么是真的。为了做到这个，你必须要开放这种可能性，那就是：你过去所学的一切都是错的。否则的话，你如何才能发现到底什么是真的呢？当你变得完全敞开，真理就变成最明显的事情。灵修人士总是认为真理是藏起来的。它不是隐藏的。障碍在于那个事情将要如何的想法。找到它实际在什么地方。只有那个一显化出万物。反反复复地思考与冥想这个，直到你自己意识到它，你才能觉醒于真实的你是什么。

正法的关系

我在过去多年的禅修冥想中学到一个有价值的功课就是，为了要更多地与我自己在一起，我必须找到我自己。安静地打坐只是去知道自己的一个形象，或者神的一个形象，那就只会知道悲惨并无休止的说话。我们绝不可能完全舒服地带着一个形象坐在那里，哪怕它是一个好形象。当我们以我们的真我而坐着，那我们就是没有自我形象、没有自我概念，也没有自我想法地在打坐。我们就只是如广阔的空间一样坐着。这是真实关系的根本，因为如果我们没有与真实的自己在一起，那么我们一定会发现，要与任何其他的人有一份真实而深刻的关系是不可能的。

当我们处在与我们自身光芒的空性关系之中时，这份关系是美好的，因为我们正在做着真实的自己。从本质上来说，我们是爱上了一个奥秘。奥秘爱上了它自己。当这个奥秘处在与他者的关系中时，无论这个所谓的他者是花儿、鸟儿、风、寒冷，还是一个人，它都是在与那同一个奥秘的其中一种表达相联结。当我们看到自己是真的处在与那个奥秘的显化的关系之中时，这就是真实的神圣的关系，这个奥秘的不同显化是：这是这个，这是那个，这是他，这是她，这是寒冷，这是苦，这是甜，这是乏味，这是悲伤，这是幸福，这是困惑，而这是清明。所有都是那个奥秘的显化。正法关系的真正基础是与那个奥秘的关系，与我们真实的自己的关系。

当我们不带任何要求地坐在这个时刻，不去等待下一个时刻，不去等着得到它——无论这个“它”是什么，当我们不是去等着得到开悟或者得到爱、和平，或是一个安静的头脑，当我们停止向我们自己要求任何东西时，那么，那个神圣的就会被开启，因为没有一个要求凌驾其上。当我们不再对这个片刻要求更多的话，真实的神圣关系就会在当下开花。然后，那个美就开花了。但如果我们对这个片刻哪怕有最小的要求，那么，我们就开始错失那份美。我们的要求扭曲了我们真正能够在自己身上看到的和体验到的。

头脑以为要想自由、解脱或是开悟，就意味着它要清除干净所有不愉快的体验，但是，那不是这样子的。神不会害怕通过去除某些东西而沾污它自己。那会像是砍掉你的手臂一样。但是，如体验神、奥秘本身一样地去体验那些情绪或是经验，就是全然地转化它们。

看到实际在那里的整体，看到那个透过所有的体验而展现它自己的，无时间的品质。然后，你自己的神圣的感觉，在内在知道你是什么，会超越那个简单的令人愉悦的体验而拓宽，变成体验的整个范畴。你开始直接地认知到所有的显化，无论它是什么，都是神的彰显。如果有一个困惑，那也是神在困惑。如果有一份清明，那也是神在那里感觉清明。接下来，你会有能力看到神在垃圾堆里，在贫民窟乱扔的垃圾中，在街上一个六个月没有洗澡的人身上。你开始看到每一处都有相同的神圣，他们有着与那个奥秘本身同样亲密的正法关系。

而且它会这样继续，越来越多，越来越深入地穿透，并且进入更多的领域。当你认知到万物里面的这份神圣，你就知道自己不再是曾经以为的自己。你是一个鲜活的、觉醒的奥秘，这个奥秘不能被触碰，也不能被看见。

当领悟了这个，你就可以处在一个正法的关系中。如果没有领悟到这个，而你试着使你自己的关系变得神圣，你只是在试着顺应你关于神圣关系的想法，而这更多地被认为是暴力。你这样做也许是为了一个好的理由，带着一个好的意图，但是，如果你要制造一个神圣的关系，你就已经错失了它。你已经错失了那个神圣的。如果你看到一个关系已经是神圣的了，那么，你才能真正地看到它是那个奥秘本身的显化。

当你看到万物都是神圣的，你并不会失去辨别力。你可以看到在一个关系里哪里可能有不诚实，看到你在哪里没有保持最高的真实，哪里缺少亲密，或者在关系里哪些是基于形象、想法、投射或是要求的。因为你将之视为神圣，但它并不意味着你不能看到那些有可能很荒谬的部分。这些观点并不是彼此不相干的。神有些时候也会有可笑的举动。

在关系中去保持做你自己（就只是觉醒之光），是一个人能面临的最大的挑战。任何一个没有遇见过或是没有见过的东西，就像是在它上面贴了一个“按我”的小贴纸一样——而它吸引着手指头。那就是神圣之美。如果它是没有遇见过的，如果它是无意识的，它上面就有一个小小的“按我”的按钮，因为此后它无法呆在无意识里。有了！有人按了它。砰！指责。噢，哇！现在，指责是有意识的了。有了一个机会。但是我们通常所做的就是尽可能快地把它变成无意识。所以，我们看不到：“指责刚刚被触发了。哥们儿，它跟着我很长一段时间了。那是在程序里的。多么有意思！那是什么？”相反，人们倾向于跑到关于它的心理学里，或是进入到无休止的理念或是哲学的系统里。但它是什么？去体验指责是什么样子？通过质疑“这是什么”意识被允许进入其中。因此你看到，那儿也许有指责，但现在它是指责，它也是有意识的。如果想要对指责做些什么事情，比如说要去掉它，那么，你还没有真正地和它在一起。

觉醒之光本身就是最深的转化动因，而最深刻的炼金术的发生就是，当我们有意愿去觉察我们自己那无意识的状态。当那个小小的按钮被按动了，无意识的一些东西升起了，而那个邀请就是保持清醒。就是那样，只是保持清醒，而后炼金术就发生了。只是保持清醒。不要做些灵性的事情，比如要退后50步，而从一个无限的距离来观照。从某种程度上说，与其选择一种更细微的无意识的形式，倒不如在其中迷失。因为它是一种回避的细微的形式，或者是从如是实相的觉醒中退缩。觉醒就在这里。你不需要把它带到后面或是上面，或是某些东西的背后，以便能够根本地摆脱掉那些升起的东西。它已经是自由的了。它不需要去退后。只有那个小我会想着它需要后退或是走开。而那个，同样，可以使得它成为有意识的。“啊，有一个小我试着想要灵性化，试着从某些东西中走开。现在，那个按钮被按动了。”现在，那个变成有意识的了。

觉醒不是从哪里走开，试图解释，试图修缮，或是去除什么。觉醒，当它被允许去经历时，是一个对如是实相的深深的爱与关心。爱总是将自己扔进这个当下，此时此地，完全将自己扔进当下。以这种方式处在关系里是简单的。它是谦卑，是亲密。而后，你可以以一种全新的不同方式与另一个人相遇。

大多数的关系是以一种无意识的关系开始的。当觉醒之光从内在照耀着那个关系时，这个内在的无意识就会被揭露。当它被揭露时，非常重要的是不要去灵性化它们。有些想要去灵性化他们的关系，而不是使得它有意识。他们想要把它变成一个灵性化的梦幻，在其中他们的伴侣能够迎合他们关于关系应该如何的灵性想法。他们认为自己知道它应该是什么样的，它可能会像是什么样子，它会去到哪里。

当你能够于其中安然地退回来时，你就回到了那个非常亲密而纯真的东西之中，在那里，你最终会愿意去讲真心话，不去隐藏，不去为了某些关系的计谋而强加意识于其中，只是简简单单地让它出现。而后，你将不可能知道它在任何时刻会是什么样——意识、觉醒和爱将以什么样的方式出现。当然，这个会给关系带来混乱，就像真理可以给你带来混乱一样。当真理开始出现在你内在时，你里面无论怎样还是有一些对非真理的执著，而这个将被视为巨大的对立。在关系中，当觉醒来到那里且开始运作和行动，只是因为你不再迟疑，而其中的真理与非真理将会碰撞，你会看到那个不谐调。

在那里，按钮被按动了——不只是我的按钮或你的按钮，现在是我们有第三个按钮叫“我们的按钮”。每一个关系中都有我们的按钮，因为当我们走到一起时，它会创造出这个叫“我们”的东西。如果我们当中的任一个或是别人按动了我们的按钮，这个关系就会“嗖！”的一声没了，因为我们的按钮刚刚被按了。这个“我们”会有着它自己的按钮以及它自己的无意识，它是那两个“我”的按钮融合的产品。

当我们允许意识进入，我们就不再与自己的恐惧联结。只是去想象一下，你所做的任何事情都不是基于一种恐惧或是不安全的感觉。它恰恰在告诉我们，当我们看着自己的关系时，问问如果我们做的任何事情都不是基于恐惧或是不安全感，那会发生什么。对于大多数人来说，那是一场革命。关系越是亲密，它就越是一场革命。如果没有任何事情是基于恐惧与不安全感而做的，那么它就完全是一场不同的游戏了。那也是当我说真理可以在你的关系里带来混乱的意思，尽管它也可能是一场非常正向的混乱。

我发现很多人已经有了很深刻而强烈的对真理的实现，却被自身真正所处的关系带来的挑战所压垮，在那些关系中，他们对于它是否能够被接收，或是它是不是可能摆脱束缚等有着一些恐惧和不安。如果你过往生命的一些部分都花在对真理的否认中，而现在停止了否认，它会使你感觉到非常不安，因为你不知道将要发生些什么。常常，人们不是去面对那个不安或恐惧，而是从中离开。因此，关系这个方面就变得隔绝了，成了生命中分离的一部分，意识不被允许进入其中。就像每个人所知道的，在或长或短的时间里，你越是有意识，它就越难保持分裂。如果你将变得更清醒，再要与分裂相联就不太可能了。所以，要是你完全觉醒了，却不在每一处都清醒实在是不可能的了。如果你不是在每一处都清醒，就意味着你还没有进入圆满之中。

当你有了一点灵性体验，是非常容易对那些你认为没有同样体验的人产生出细微的优越感的。一旦你这样做，就没有真正的与无意识相遇。所以，你要如何才能以一种纯真的方式，而不是你高人一等的感觉去遇见那个无意识，你与一个人通过眼睛对眼睛相遇？我们可以透过倾听外面的鸟叫、观察我们倾听的品质、拥抱声音的品质、我们让声音进来并让我们用自己被它所触动的那种方式来学习正法的关系。只是通过这样做，我们才能变得越来越有意识。我们以这种方式来学习正法的关系，胜过100本书。

我过去常常在索诺玛禅修中心做闭关，那里非常的安静，我们要早上4：30起来打坐。早上那个时间是很美丽很祥和的。太阳出现在地平线之前，光只是刚刚开始在空气中透出亮来，你会感觉到整个世界都在苏醒过来是一种美妙的体验，你整个的自我都在苏醒。那感觉很美妙。大约每天早上的6：30，禅院对面街上的邻居们都醒过来了。邻居们对于如何为这一天做好准备有着不同的想法。所以，他们在每天早上都会以最大的音量播放着齐柏林飞艇乐队的音乐。这是学习正法关系的最佳时刻。对鸟儿以及对那些愉悦的事情，或是对于神的美丽的显化，以及你真实的自己要保持觉知是很容易的，但是，当吉米·佩奇（齐柏林飞艇乐队的吉他手）开始用力地敲击他第一个和音时，却是另一回事。而那就是了。那里有一个邀请：“那是什么？我与它的关系又是怎样的？”

我所发现的是，它只是另外一个声音，而且它是完美的。它是美丽的，因为它拓宽了我对灵性的体验。它就是实相。那是神作为一个摇滚明星来穿透的东西。神不只是所有愉快，小小的美好时刻，清静而安宁。那个声音将灵性的想法从当中撕下来，它说："好，你要看看神？这就是神——神的一切。不只是你想要看的那个部分，而是它的全部。"

然后，作为最后一击，在一年中至少一次的闭关里面，最后一天，我们打坐一整天，而且我们不是晚上10：00左右上床，我们会小憩一会儿，然后，再坐到11：30，其中每坐半个小时会有十分钟的行禅，然后会从午夜一直不间断地坐到早上4：00，不起身。所以，万一你以为你已经在闭关中到达了涅槃，是了不得的事，因为你的冥想做得真的很好，而且你真的感觉很好。算了吧！过个五天或一个星期，这个过程就会摧毁你。没有人会在那之后还能趾高气扬地走出去。你也许可以在闭关的前面部分感觉趾高气扬，但是，不会是在最后。

这种打坐不总是必要的，但是在做了许多次闭关之后，我开始看到它的美。不带着趾高气扬的灵性成就——想着我能够在整个闭关里面保持着多么美好和宁静的状态——而走出去，这是多么美妙的一个礼物啊。直接放回到纯真里，这是多么好的一个礼物啊。过一会儿，它就完全不会是一个失败了。它就只是感觉到："哦，我们又在这里了，一个房间坐满了50个人，而在做完三段半个小时的连续打坐之后，我们都只是试着生存下来。那个类似开悟还是不开悟的东西都只是试着生存下来。"那个艰难的感觉或是任何关于你自己的灵性的想法，高昂还是低落，就崩溃了。在那个崩溃里面，我会发现那个外表的剥落是如此美味，如此美丽，如此神圣。这是一个可以在任何地方、任何经验里都看见合一的机会，而不是关于合一会像什么样的想法。当那个想法崩溃了，神圣的现实就有机会浮现。而真正的神圣要比想法美丽得多——不是那么戏剧化，而是美丽得多。

正法的关系是一种真正的关系。美丽在真实里面。它不在那个灵性关系的想法里面。它只是在它的现实之中。

永恒的当下

花一点时间，
查看一下你是否实在地在这里。

在有对与错之前，
我们只是在这里。
在有好与坏或无价值之前，
以及在罪人或圣人之前，
我们就只是在这里。
就在这里相遇，静默的所在——
舞蹈之中的定静。
就在这里，在知道或者不知道什么之前，
就在这里相遇，在这里，
所有的观点，
都融合成一个观点，
而那一个观点也消失不见。

只是去看你是否可以与当下相遇，

在那里，你触碰那永恒，
并且在每一个当下感觉那永恒的生与死。
就只是在这里相遇——
在你是个专家之前，
在你是个初学者之前。

就只是在这里，
在那里你一直会是怎样，
你永远不会为这个做任何增添，
任何也不会削减。

在这里相遇，在这里你无需任何东西，
在这里你什么也不是。
这里不可言说，
我们的所在，
只是奥秘与奥秘的遇见，
或者我们根本就没有遇见。
在这里相遇，
通过迷失你自己，你找到你自己。
这个地方安静得使人失聪，
定静行动太快而无法进入。

在这里相遇，
这里的你正是你所欲求的，
你想要的真实的你。

一切都消散于，
光芒闪耀的空性之中。

——阿迪亚香提

有一个很精彩的故事，说有一个年轻人到一个寺庙，信心满满地准备着要开悟。他问那个方丈："大概要花多长时间我才能开悟？"方丈答道："大约10年。"年轻人说："10年！为什么要10年？"方丈回答："哦，以你的情况要20年。"那人问："你为什么说20年？"方丈说："哦，对不起，我错了……30年。"

如果你真正明白，你会认识到问那个问题就会多要你10年。一旦这个想法冒出来："我什么时候会真的自由？"时间就将它自己诞生于存在之中了。而带着这个时间的诞生，你必须要想："也许至少10年，或许永远。"为了去到那里，你可以往哪儿走呢？任何步伐都会把你带到别的什么地方。

这个对头脑来说是很惊讶的，因为头脑总是想着要自由或是开悟，仿佛那是某种累积一样，当然，没有什么要去累积的。它是关于认识到你是什么，你一直是什么的问题。这种实现是外在于时间的，因为它要么是当下，要么永远都不可能。

一旦你关于开悟的想法变成有时间约束的，那么它永远是关于下一个时刻的。你也许会有一个很深的灵性体验，而后就问："我能够保持这个体验多长时间？"只要你坚持问这个问题，你就会继续受到时间的约束。如果你感兴趣的还是时间，以及你可以多么及时地有灵性的累积，你就会得到一个由时间约束的体验。头脑的举动就像是你所寻找的东西不在当下这一刻。现在是在时间之外的。没有时间，而矛盾就在于，唯一阻止你看到永恒的是，你的头脑卡在时间里。因此你错失了那个实际在那里的。

你有没有感觉到你真的很不喜欢在这里，而你想要的是精彩的永恒的体验？那通常都是一个没有说出来的想法，当老师说："处在当下。"你的内在感觉："我在这里啊，而我不喜欢在这里。我想要去那里，那个开悟的所在。"如果你有一个真正的老师，就会被告知说，你错了，你从来没有在这里过。你总是在时间里，因此，你从来没有在这里出现过。你的身体在这里，但是你的其余部分都去了别的地方。你的身体经历了这个所谓"生命"的东西，但是你的头却一直在经历着那个所谓"我关于生命的幻觉"，或是"我关于生命的大故事"。

这是一个承诺之地。永恒在这里。你有没有留意到你从来没有离开过这里，除了你的头脑？当你记起过去的时候，你实际上并没有在过去。你的记起是发生在这里的，当你想着未来的时候，那个未来的投射也完全是在这里。而当你去到未来的时候，它也是在这里的，它不再是未来了。

要在这里，你所需要做的就是放下你所认为的自己是谁。这就是全部！而后你认识到："我在这里。"这里是思想所不相信的。每一次你来到这里时，你什么也不是，闪闪发光的无物，绝对的和永恒的零。空就是清醒的，空就是圆满的，空就是一切。

因为你不知道自己是谁，你才会想要不同的东西。但是一旦你回到你自己，回到那个空无的醒觉状态，你就会意识到不会有什么东西是你更想要的，因为你就是你想要的。

你所发现的自由不是"我已经到达了开悟"。那个自由是，

“我的天呐，没有人要在这里开悟。因此，也没有人在那里是不开悟的”。这就是那个光。只有那个“我”的概念认为它需要开悟、自由、解脱和解放。它想着它需要找到神或是得到一辆法拉利车——当你进到它里面的时候，它们都是同样的东西。但是，当你看穿这个概念上的我并且意识到它只是头脑的活动时，你会知道没有人要去开悟了。

我，我，我。我想着这样，我想着那样，我有价值，我得到了，我没有得到，我开悟了。我失去了——这全是头脑的玩意儿。没有人要去赢得开悟，也没有人会失去它。整件事情都是一个幻象。你有没有感觉到你的人生就像是一本廉价的小说？就像是神探南希系列一样，给你讲完了一个故事，你想着它要结束了，但是你发现作者已经又吐出了另一本，而一旦你看完另一本，一个新的故事又出来了。可是，你从来没有在书里面找到过作者。作者从来不会出卖他自己，因而他总是置身于书外。

头脑就像那个样子。在许许多多的故事之后，头脑里面的一个小角色说话了：“我需要开悟。我需要找到本源。我需要找到神。我需要得到解脱。我需要了脱生死。”而后，到了某个点，它意识到，“噢，那是个故事！”并且在想，“没有这个故事我是谁呢？”你放下那本叫做《我的人生》的书。你看到那里没有故事也没有我。这个我是一个故事。这整个故事从那个无物中自发地冒出来，从精神中出来，成就它自己的享受。它为了让你阅读而存在——笑一笑，哭一哭；有些高，有些低；有些生，有些死；有些朋友，有些敌人——但是，绝不要当真。

如果你有了灵性的体验，那是一个很棒的情节剧本。它们会在那个叫《我的生命》的灵性小说里面显现。这个角色被给予了

一些体验，快要接近开悟了，走得挺远，找到了极乐，又失去了极乐。第22章《一个不可思议的洞见！》，第23章《完全失去那个洞见》，而它会继续。在这个系列小说中，你在这条路上已经走过了四分之三（像是高级的灵魂，对吗？），而现在你已经得到了一个灵性的角色。在头几本书里面，你只是一个平凡的人。而在后面的系列中你成了一个高级的灵魂，你现在变成了一个灵性的求道者。你必须要到达某处。这就是我所做的，不是吗？它在这个故事里寻求自由，直到它意识到，那个找寻自由的人也只是这个故事中的一个角色而已。

然后，突然间："我是什么？没有了任何的故事我是谁？"那个故事自发地停止了，而头脑中不会有答案，因为那只会是更多的故事。那将会是下一章。但是，当你从故事中走出来，就不再有词语了。你已经从书页里跳脱了。只有一个在故事之外的觉知。但是，不用担心，这个故事会继续。它会继续进行，哪怕没有那个我，运动也会继续。

当你通过放下那个虚构的我，而进入到永恒的当下的定静之中时，你看到实相、开悟或是神就像是一团火焰。它是鲜活的、永动的，而且永远在舞蹈——火焰一直都在这里。但是，火焰是无常的。火焰不可能是永恒的、固定的或是稳定的。如果它是的话，那它就是死的。实现就是鲜活的、永动的，像是从木头里窜入空中的火焰一样。真理是不停地运动。这个运动，这个真理的鲜活，是持续不断的。它永不停止。它没有时间。无常是唯一一件恒常的事情，唯一永恒的事情。

存在的全然定静只有在所有的抗拒消失的时候才会到来，包括对运动的抗拒，对无常、鲜活以及改变的抗拒。当所有的抗拒都不在的时候，就有了完全的定静、一种鲜活和充满活力的定静。它是完全的定静，但是又在无穷动之中。它像是定静，它没有动，只是因为那里没有了抗拒。想象你坐在一列火车上，它以每小时100英里的速度沿着铁轨盘旋而下。火车上没有风的阻力，所以，你在火车上听不到风声，车轮与铁轨之间也没有阻力，或者承载着火车的弹簧之间也没有阻力，所以，你完全感觉不到一点阻抗的振动。你可以看到我们虽然在以非常快的速度移动，但是，在火车里面却是完全的定静，这感觉就像是你压根都没有在动。存在的定静就是这样的方式。我们所说的永恒，就是那个无尽的、没有抗拒的运动。

无论你是否理解，对这个有些感觉是如此重要，否则的话你就会来到一个这样的闭关中，并因而错失要点。也许你会体验到一些定静、美与洞见，或是从这个经验里出来的自由。但是，如果你认为它是某种固定的东西，仿佛这次你就能把它带回家似的，那么，当你回到家，你摊开你的双手，就会发现那个定静是一个死的东西。它是一团火焰，一旦你开始抓住那团火焰，它就会消亡。当这个当下的鲜活被毫无抗拒地体验，它就是全然的定静以及全然的运动，而你无法抓住它，因为抓住本身就只是火焰更多的运动。它也无法抓住它自己。它只能是它自己。

你可以从这个火焰的隐喻中找到更多的东西。如果你看着火焰的顶部，就是那个尖尖，它在四处飘扬舞动，散发着光。你所能见到的全部都是那个光的源头，但是光本身是看不见的。这个光就像是真理的火焰一样，散发出洞见、实现、觉醒。在那个的下面，我们内在的火焰的中心也像火焰一样在跳动，它如波浪起伏的海洋，而非如火苗尖那样狂野。在这颗心里，有着一些比那个洞见更深刻的东西。它是那个变成一个洞见之前的体验。这个波浪起伏的心与它自己是联结的，它与之联结为一体，它甚至不去移向一些实现，只是享受着那个联结以及那份甜蜜、那份美丽的爱。

然后，在这颗心的下面是这个火焰的基底，你有没有看过木头上的火焰？有一天晚上，我在野外背包旅行，我在看着木头上的一团火焰，而我看不到火焰碰到木头。要么就是在火焰与那个木头之间有一个间隙，要么就是那团火焰是如此纯洁而无色，所以它是看不见的。同样，在我们心里也有着一个绝对的基底，而那里是绝对的空无。这是那个真理变得鲜活之前的地方，在它跳出来进入存在之前的地方。而这里，甚至是心的联结也沉入了存在的底部，那个存在是如此的简单。它就如迈斯特·埃克哈特所说的那个“分别绝不凝望”之地，在这里，即便合一也失去了意义，在这里，头脑的洞见坠入静默，在这里，心坠入静默，只有一个安歇在那里，在存在的底部。

所以，这个真理的火焰是那个带着它所有方面的火焰，带着它的狂野、它的中心，以及那个简单的底部。

忠诚

当你体验这个真我实现时，绝对不要怠慢它，因为一旦你对真理的忠诚动摇了，你就会发现自己又回到分离中去了。如果你不只是想对自由浅尝辄止，而是想获得自由，那么，你就必须永远有着这份矢志不渝。如果自由要想成为一个活生生的持续的体验，那么，你作为人的这个部分就必须保持对真理的忠诚，并且下决心活出那个真理。要想自由，作为人的部分必须永远与真理在一起。

人们一直在问我："什么时候它才会全部结束？"而我理解的是，他们将自由等同于不需要有意识地欣赏每一个片刻，不需要将自己的任何东西付诸实践，也不需要一丝一毫的努力，当然，那个答案是"永远不会"。这不是说你永远不能够放松，而是说你可以以一种欣赏的方式放松。我们可以放松，同时保持心的开放、敞开，并且有真正的临在。当我们这样做的时候，对于关系可以如何展开的提示是深刻而强烈的。那个带着我们进入活生生的自由的，不是对注意力的紧抓，也不是对欣赏的紧抓。我们需要带着自己的欣赏而不放弃，永不放弃。

一旦你打破了自己对真理的忠诚，你就将自己踢出了真理的自由之外。而一旦任何的东西——权力、赞扬、个人、地方、东西、外在的爱、尊重、认可——变得比真理更重要时，你都将开始受苦并且感觉到分离。在真理里面只有为真理而存在的空间。这意味着只有为看到真理、选择真理，以及爱着真理的空间存在。一个对真理的强烈的承诺就是一个片刻接着一个片刻的选择。

如果你在等着自由的选择变成没有选择或是自动的选择，那么你不是在为这个自由负全部的责任，这个自由是指在真理与某些令人舒服的故事中的选择。对真理的强烈承诺不是你可以轻慢的事情。重复禅宗第三代祖师的训诫就是，一个人打破了对真理的誓言就是在将天堂与地狱无限地分开。当有些分散注意力的事情来到的时候，有一个片刻你认识到它是一个催眠，且只是一个现象而已，你却假装它是真的，天堂与地狱就“嗖”地分开了。当你一旦作出要讲真话的选择时，天堂就会马上为你打开并支持你。一旦你看到说，“噢，这只是现象而已，是愤怒，是无聊”，不需要努力去改变它，只是如实地称呼它。

只是为了信守誓言而信守誓言还不够。这样做就是要打破所有最神圣的誓言：敞开心扉去迎接爱的誓言，对于作出最深的臣服的誓言。不要去作一个干巴巴的承诺，只是为了去保持某些形象或是有关真理的理论。它就像是靠在一张软椅上对着你的伴侣说：“我并不会真的爱你，但我们会呆在一起，因为我说过我会这样做。”那就是对这个誓言的打破，它也许会保留住某些法律的文书，但是它错失了自己真实的含义，错失了真心，错失了爱，错失了亲密与脆弱。按照一些固定的程序来做事还不够，你的心以及你的存在必须在它的背后。感觉到这个片刻，带着一个想要深深地体验它的意愿而看到它，无论它是好的、坏的，还是淡漠的。情绪上和感觉上都完全地处在当下，就在这里，脆弱的，带着你的，就是在这里。不要根据你有条件的头脑而活，而是根据无条件的真理而活。

真理是有爱的，它不会评判。在它的手中握着一把巨大的剑，可以毫不留情地分辨出真伪，但它不会握住怨恨。如果你不对自己讲真话，你将会受苦。如果它不是毫不留情的，将没有让你去学习的机会。真理不会用勺子来喂你。要么因真理而活，要么就受苦。就是这么简单。

当你实实在在地觉醒于真理时，你会看到在所有的际遇和体验中你一直都是被爱着的。看到有一条爱的线串起每一个单独的片刻，这真是美妙。永远没有一个受害者，哪怕就一刻也没有。而且，哪怕它看上去是痛苦的，但它只是一把利剑，为的是让你真正地看到真理。要用话语来表达这个是困难的，因为它偷走了我们身上每一条受害情节的神经。

真理可以用很多形式在存在中舞蹈，令人愉快的或是不愉快的。每一个体验的背后都是爱。对充分地临在于存在的每个层面的承诺，将把你与正在发生的事情之间的间隙拉近。孔老师过去经常说："合上间隙，哪怕只有一丁点儿，合上间隙。"然后，一切就敞开了。合上实相与你想要它怎样的间隙，合上那个如实的呈现与你想要它如何呈现之间的间隙。这个评判的间隙就是你感觉到的分离。你需要全然地选择如是的实相，并且用你整个的存在去学习它。

现在，很重要的是，你要认识到你不能只是通过你自己的意志、你的意愿而合上这个间隙。如果你试着合上它，它会变得更宽大。但是，当你愿意对实相臣服时，它会合上它自己。当那个“我”和当下的真相之间的间隙被合上时，真理以充分的临在而显露自己——你那完全的真我。

这就是我说要向生命学习、向当下学习，以及向丰富的实相学习的意思。这不是要向超然物外的什么去学习。那也许会是你想要的，但是，它不是此刻我在谈论的。向前走，进入到脆弱与纯真。它就像是当你与某人有一个谈话，而当你们两个互相靠近并且向对方显示出脆弱时，谈话便击中了那个神奇的时刻。那就是奇迹开始的地方。

有许许多多的方法可以让那个间隙合上。帮助合上间隙并且找到静定的一个方法就是当你坐下来静心的时候，就只是坐着。如果身体因为回应头脑而活动，它会阻碍那个定静。但是，当身体保持放松和定静时，头脑会开始跟随身体，而那个间隙就可以合上了。然后，这个当下的定静便能够开始闪耀，并对于造成活动的起因保持意识。这只是头脑在身体上的显化。要有一点点冒险，总是保持一点点脆弱。保持足够的脆弱以保持清醒，感觉到清凉的微风正扇动心灵之火。

真正的力量是爱的力量，它是深深的内在的一种充满热情的表达。它从心里出来，出于一种丰足，而非出于要填补一种匮乏的企图。你可以感觉到存在的万物中那生命与爱的火花。你可以在空气中，在花的形状中、叶子的形状中以及你自己身体的形状中感觉到它。你无法准确地指出它。它是生命，而生命是超出存在的。念头会死，身体会死，信念会死，生命会持续。生命、神、爱，显化成这许许多多的方式——智慧、清明，会像火一样地烧灼你，好让你前进，好让你放下并醒转于实相之中。

当我不在萨尚中的时候，我是个相当安静的人。觉醒可以以心灵或是玩耍的形式存在，或者你所能想象的最深的安静。那个共同的元素就是空性的圆满。如果我们真的准备好敞开，那里是丰富的。即便它是空的、安静的，没有什么事情在发生，那里还是有一个圆满。

你就是法，你就是生命。花朵与树木除了是生命以外什么也不是。而生命不会被掳获于它的表达之中。生命永远都会提供它的表达。所以，所有的这些都只是来，来，来。它来自于无物，就像是花朵一天前还不在，第二天就出现了。生命以一朵花、一个人、一个洞见，以及洞见的丢失的方式来表达它自己。但是生命不只限于它的表达。如果整个世界都爆炸了，也不会让生命更少，只是少了一些显化而已。生命还是会在那里。你还会在那里。我们从其中制造了如此多的概念化的东西，但是，当这个地球炸掉了，生命还是在那里。就像罗摩纳大仙在他临终前对着自己关切的学生们说的：“他们说我就要离开，可是我会去哪里呢？”花儿会凋零，但是生命很好，谢谢你。表达走了，洞见走了，人格改变了，信念改变了。你还在。

对阿迪亚香提的采访

在2004年初期，我开始听到人们谈论起一个“后禅宗”的老师，他可以用他那不同寻常的如明亮眼睛般的清明混杂着慈悲与日常生活的幽默，斩断人们在灵性觉醒过程中的困惑。我天性多疑，决定花一些时间与阿迪亚香提在一起，做一个近距离的调查。在两个不同的场合，我有幸采访阿迪亚香提差不多四个小时（那就像是，只要我的眼睛一锁定他的眼睛，不一会儿，我的头就像是要裂开一样）。有趣的是，在每次采访之后，我感觉到被阿迪亚香提的临在赐予了巨大的礼物，仿佛他那觉醒的心灵的阳光密集地照耀着我，邀请我身上某些限制性的能量模式得以释放。在这里，我带着感恩与非常温暖的心，在《空性之舞》的后面，呈上我们谈话的摘录。

塔米·西蒙（以下简称西）：阿迪亚，我想要谈一些事情，希望不会烦扰你。我想要谈谈你，阿迪亚香提这个男人，这个个体，这个人。

阿迪亚香提（以下简称阿）：（笑）

西：不是你的理念。

阿：好。

西：读到《空性之舞》的结尾时，我剩下一个问题，这个家伙是谁？他是从另一个星球发射下来的吗？他是不是真的由父母生下来的？

阿：好。

西：我很想要听一点你的人生故事。你的家庭是什么样的？他们是有宗教信仰的吗？当你是个孩子的时候，你做了些什么？

阿：好。我出生在一个真的很棒的家庭，这是我后来才认识到的，虽然起初我也在某种程度上认识到了。我有很好的父母和两个姐妹：一个妹妹，一个姐姐。在成长的过程中我最突出的记忆就是极度的幸福。某人有一次问我爸爸他印象最深的我的童年是什么样的，他说："他总是在微笑。"而那也是我所记得的我的童年。我也像其他人一样有过艰难的时光。我也像其他人一样遇到麻烦，我也做蠢事。我也有难过的时刻。但是，当我回头看的时候，我个人成长的过程总体来说是一个幸福的体验。我会微笑着走进去，而这个幸福感充满了我童年的大部分时光。

我并没有在一个特别的宗教家庭中长大，虽然灵性和宗教很多时候是一种奇怪的组合。我的祖父过去是非常非常虔诚的。当我们的家人聚在一起的时候（我们经常这样聚，因为我所有的亲戚——姑姑和叔叔，祖父母、外祖父母，堂兄妹、表兄弟等——都住在开车半个小时的距离之内），灵性和宗教经常是大家讨论的话题。作为一个小孩子，我并没有参与到这些谈话中，但是我会听他们讲话，而且十分着迷。举个例子来说，我所有喜欢的电影都是灵性电影，像《十诫》这样的巨大的灵性史诗，查尔顿·赫斯顿演的；还有《宾虚》[12]。所以，我有一种早期的对灵性以及宗教的兴趣存在，但是它从来没有被公开过。在成长的过程中，偶尔我有过一些你们所谓的神秘体验。作为一个小孩子，我从来没有想过它们是什么神秘的或特别的，或者哪怕是不寻常的。

西：什么样的神秘体验？

阿：嗯，举例来说，白光会在夜晚出现在我的床尾。

西：像是一个白光球吗？

阿：是，像一个白光球出现在我的床尾。像大多数的孩子那样，我并没有把这些当作任何不寻常的事情。我会想："噢，今晚这个白光球来看我了。"而它总是很迷人很洁净的样子。这是我在成长过程中有过的一些类似的体验。有时候在我看我的衣柜或是抽屉的时候，我会发现我自己融入那个木头里面，我会变成那个抽屉。那时候，我就会想，那是很愉快的，仿佛有着某种迷人的吸引力，但它对于我来说，好像也没有什么不寻常的，它只是我体验的一部分。

到了我十多岁的时候，那时上初中，我开始有了一些从来没有告诉过任何人的体验，我称发生那些体验的日子为"那些日子中的一天"。"那些日子中的一天"会是在早上我醒来的时候，而它总像是我可以感觉到一切都是一体的。在那些日子中的一天，像是有些不同的东西正透过我的眼睛在看，某种完全神秘的

12　副标题是：基督的故事——译者注。

东西，也非常的古老而永恒。我了解到，在那些日子中的一天，当我去上学的时候，我得要小心点。因为那个透过我的眼睛在看的，真的是想要非常近而且非常有意地看着东西。而我要小心不要太近地看着人们，因为无论发生些什么，它都有着某种，我猜你得接着说，某种力量。我会看着某人的眼睛，而如果我看得太久的话，会惊着他们。他们会不知道该做些什么。他们会知道有些超乎寻常的事情发生了，而且，他们会倾向于看着别处。在他们的眼睛里会有一个样子像是很害怕，像是他们知道有些事情在发生，而他们弄不明白。我不想让人们惊着，所以，我试着避免做得太过了。这通常会持续一天到三天，而我四处走动，感觉自己与万物合一，某种永恒，没有时间，被一种完全不同的品质所造访。而后，它会消失。我在一年之中有过“那些日子中的一天”三四次或者五次。

西：你从来没有对你的父母谈起过它吗？

阿：没有。

西：对老师或是任何人？

阿：没有，我从来没有谈起过它。实际上，第一次造访——实际上那是一次最强有力的造访——发生在我上小学的时候。课间我在外面的柏油路上，我过去喜欢玩双杠，玩得很开心。而我停在柏油路开始的地方，看着我背后那些在草地上玩耍的孩子们。突然间，就像是什么东西把这个孩子推到一边一样，有一个巨大无比的东西正透过我在看。在我的头脑里有一个想法……或者说这个想法是从某个地方来的：我们把这个孩子推到一边。我在这个意识的表面找到一条出路，将某些东西彻底推开。而那就像是我带着这些眼睛看……我现在唯一可以用来形容它的方法就是，我正透过永恒的眼睛在看。有一样东西在看着，而它真的是既古老又年轻，同时还带着纯真。而我看出去的时候，我才意识到自己的第一件事就是，整个操场上没有人——老师和孩子——是这样看着。而我也从来没有这样看过东西。它真的是令人震惊。它并没有让我害怕，但是它非常令人震惊。那个持续了一会儿，也可能是这一天剩下的时间。

西：你那时候大约五六岁？

阿：我想大概是三年级。所以，可能是八九岁，我猜。

西：而你现在是怎样理解“那些日子中的一天”的体验呢？

阿：现在？我会叫它们是一个“预尝”。预先品尝那个即将到来也来了的东西，那个东西将会更加的永恒。它们就像是一个预尝，对觉醒的预尝，对觉醒的某些方面的一个瞥见。

西：嗯。阿迪亚，我知道你是一个不寻常的人，但是，你是我知道的，在这个灵修世界里第一个有一个幸福童年的人。

阿：我注意到这一点了。我也正对此感到震惊呢。

西：我认识的大多数被拖入到灵性里面的人，他们会像这样说：“没有人理解我这样一个小孩子。”有种“我不属于这里，我不适合”的感觉。

阿：对。我那时候已经知道我不属于这里，但是它并没有烦扰到我。我知道我与其他的孩子有些不同，但那只是我而已。从某种程度上来说，我是有点不太合群。但是我也在学校玩双杠，也一直有几个朋友。我确实是从很早的时候就感觉到我身上有一种不同——不是特别，只是不同。因为这样那样的原因，我从来没有将其解读为一种缺点，我想这更多的是因为我父母。在我上小学的时候，他们发现我有读写困难。我想今天，他们很可能会诊断我为ADD——多动症，更像是那样吧。

西：因为什么？

阿：因为我不太能很好地集中精力。而且，我又有很多的精力。即便是他们以那样的方式给我下了诊断，我也不会那样看它，也不会去看它，把它当作一个问题，认为自己不正常，需要吃药或者是应该被修正的东西，至少在我的体验里是如此。我只是一个有很多精力的小孩子，我有读写困难。我会从后面往前去看数字或是字母，在有些数学或阅读课中，我会离开教室跑到其他科目的特长班去。回头看，我那时没有感觉到自己被疏远或孤立，或者觉得比我周围的孩子少些什么，这是多么令人惊讶。看起来真是不可思议，我没有那样认为。我妈妈喜欢念这个咒语，她会说："呀，你是不同的。"她还会说："你是怪怪的。"因为我妈妈就是一个很怪的人。她有着很棒的幽默感。我们总是在一起玩儿。我父母以及我整个的家庭都有着很棒的幽默感。而她的咒语会是："我们就是很精彩。你怪怪的，我怪怪的。而怪怪的绝对很精彩，它太了不起了。对它感到开心吧。"作为一个小孩，我内在的某些东西对它很买账。我相信它。我不是认为怪怪的就更好，它只是很精彩、很棒。我想我真的是很幸运。即便我有过不同的体验和机会，让我感觉到我比其他人少了些什么，孤立或是别的什么，我从不会用那样的方式去解读，我只是认为它是真实的我的一部分。

西：是什么样的推动力、动机，让你参与到灵性的探索中来？

阿：呃，那是件奇怪的事。有一天，我不确定在哪儿，我读到关于开悟的东西。我想我是在某本关于禅宗的书里，我是怎么得到它的我已经不太确定了。

西： 那会儿你多大?

阿： 大约19岁。当我读到关于开悟的内容时，我的内在有些东西像是一个灯泡一样被点亮了。它让我着迷。我想，那是什么？它开始引起了我内在的兴趣。鼓励我跟随着这个兴趣的是我的一个曾曾姨婆，她非常非常的神奇，而她是这个家庭出了名的会做各种各样古怪的事情的人。现在我看到她是在灵性上非常的觉醒。我记得她会进入房间，而她的眼睛会像是着了火一样。当我认识她的时候，她已经九十多岁了，她可以做这个叫做星光投射的事情。她可以离开她的身体去到任何她想去的地方，这个能把人们吓疯了，因为她知道每个人发生了什么，她会知道人们什么时候死，或者他们是否已经死了。她会这样说："你为什么不给谁谁谁打电话，因为他们就要死了？"所以，她得要学着保持安静。

西： 确实。

阿： 她的特异功能是她想要藏起来的。她只是有一天秘密地告诉我妈妈。无论如何，我认为这个星光投射听起来很好玩，而它也对应了我当时对整个开悟的兴趣。因此，我买了一本书，是关于如何做星光投射的。它上面有一些步骤可以跟着做。其中一个是花十分钟的时间做静心，而后，你可以做其他的那些事情。呃，我在星光投射上面是完全的失败。我就像是一个永远不会从地面起飞的火箭一样。但是，当我第一次坐下来静心十分钟的时候，有些东西真的是让我着迷了。我不知道那是什么，但是在静心中我触碰到了一些东西，一种对经验的掌控，那真的是吸引着我。我很快就全忘了星光投射这回事，而我有这种感觉，这个静心持有对我来说真的是非常重要的某些东西。所以，我开始静心，而我读了另外几本关于这方面的书。在几个星期之内，有一天早上我确实醒过来了，我意识到这个生命过去是我的，但那时却已经不再是我的了。我只是知道“这个生命不是我的”——那是属于开悟的事情。无论它会去到哪里，无论它会引领我去到哪里，我甚至不再有选择了。它从某些我在追求的东西里走出来，而那个东西已经掌控了我。我的内在感觉到它控制了我。它已经掌控了，而它在某种程度上将贯穿我的后半生。而你知道，它有点儿吓人，但是同时，它也是令人兴奋的。那个时刻是我的人生转变的时刻。在那个早上，它是一个决定，而我没有试着从痛苦中逃开。

西：在19岁的史蒂芬·加里的心里，没有一种存在性的绝望吗?

阿：噢。应该是有一些的。当你试着要讲你的故事的时候，你总是非常片面地出发。在生命中有大量的时刻——毁灭性的分离或是有些非常、非常、非常艰难的时刻，所以，我不想假装在我的人生中没有一些非常艰难的时刻。我同样也不想假装，那些艰难的时刻没有在我整个开悟的寻求过程中扮演角色。我只能说，从最开始我真正感兴趣的就是，开悟这件事情到底和真理或者终极的实相有什么关系？那也是我动力的来源。有一天早晨我醒来，想着在我的生命中没有一件事情有意义，除非我发现这里到底在发生着什么。

西：你有没有上过大学?

阿：我上了一阵子大学，而后，在社区大学学了五六年告终。

西：你学了些什么？

阿：很多东西。当我开始入学的时候，从高中毕业以后，我以为我想要成为一个治疗师。那时候，我已经读了很多心理治疗方面的书，大概有一两百本。有意思的是，我整个小学都没怎么读过书，而是想方设法在逃避它。但是，一旦那整个开悟的事情吸引住了我，我就开始投身到自己感兴趣的书本中。我以为我想要成为一个心理治疗师，而当我去了第一节心理学课就想，不，我知道了，我知道这是怎么回事儿了，而那不是我感兴趣的。而后，我想，也许是社会学吧，我去上了几节社会学的课，而我马上就意识到，不，那不是。然后，我又参加了一节东方宗教的课，那个比较接近，但是我意识到，不，那不是。我不想要成为一个宗教学学者或者专家。因此，我花了五六年的时间在初级的大学里乱撞。由于某些原因，我真的很擅长哲学，但是，我只是很快就能够分辨而已，不，不是它。这些家伙没有一个人来到我所寻求的真理面前。我只是能够分辨而已。而那就是我在大学里的样子。我并没有真的在那里。我就像是在找一个职业，但我同时也在寻找某些东西，它可以说明我内在到底发生了些什么。而我无法找到。因此，在社区大学里学了250个学分之后，我就停止了。那时候我24岁，而后我不再打算去大学了。我在一家自行车商店工作，我完全被自己那个对开悟的寻求的想法所吸引。

西：那你是怎样去追寻的呢？

阿：嗯，当我20岁的时候，我找到了我的老师。

西：你可不可以告诉我们那是怎样发生的？

阿：我在读一本拉姆·达斯写的《觉醒之路》的书时，我发现了她的名字。在这本书的背后，有一个灵修中心的名单。那个时候，25年前，作为书的附录，美国的灵修中心的名录只需要50页。现在，它可能要花一整卷的篇幅。我对禅宗感兴趣，而且看到有一个中心在洛斯加托斯，它离我所住的地方只有十分钟的路程，我想，神呐，我简直不相信有人在洛斯加托斯教禅修。我的老师爱维思·朱思蒂实际上完全不知道她是怎样进入那本书的，因为她从来没有怎么做过广告。但是，不管怎样，她进入了那个名录。而当我看到名录上的那个地址时，我期待着一个伟大的禅院寺庙什么的，但我发现的只是一个邻里的房子，上面有一个牌子写着从后门进入。而在后面那个玻璃推拉门边，一个年长的女人跟我打招呼说："进来吧。"那就是我遇见我的老师的过程。她就是在她家里悄悄地教学的。

西：你怎么知道这是为你准备的老师呢?

阿：嗯。那是我灵修方面的另一件奇怪的事情——它从不专注在老师的身上。我以一种就事论事的方式来找寻老师，就像是如果你想学习数学，你将会怎样去找一个好的数学老师。我对开悟感兴趣，我想要一个灵性的老师，因为也许他们能够帮助我找到我在寻找的。我不是要找某个人来崇拜，对我来说，也从来没有发生过这样的事，有人能够让我那样做。我不是在找那个。我有一点失望，因为我那时候20岁，对禅袍、寺庙和那一切还有着浪漫的想法。而这里一个小个子女士就住在邻近的地方——离我长大的地方只有十分钟的路，而我们在她的起居室里静心。从外在来看，没有什么特别吸引人的。但是，由于某些原因，我不停地一而再再而三地回去、回去。而过了一段时间，我开始意识到这是我的老师。我确实去过几个其他的地方，大多数的时候是她送我去参加更长时间的闭关。她把我送到索诺马山禅修中心去做长时间的闭关，因为她不教长期的闭关。所以，我和孔老师有了长达六七年的关系，而我每年都会在山上做闭关。这些长期的闭关给我最深的冲击就是，它们打开了我的眼界，我因此可以看到，在这个禅修中心所指向的所有的真理中，实际上也同样存在于我邻居家小个子女士的房子里。而它真的很震撼，因为她是如此平凡，她不摆架子，不扮老师以及所有的那些玩意。由于某些原因，我离开了一段时间，而做了一次闭关之后又回来了。我可以看到我错过了什么，就是那个在她里面已经拥有的。我真的看到了。而我真的被它震住了。从那次以后，我觉得我不需要去其他任何地方了。

西：你相信她那时候已经是一个开悟的人了吗?

阿：你最好去问问她。

西：她还活着吗?

阿：是的。实际上她每周五都来办公室。也许你会撞到她。她给僧团的磁带贴标签。

西：真的?

阿：我不是在开玩笑。她不再教学了。她让我教学的几个月以后就停止教学了。她并不知道她将要停止教学。这就像是那种……停下来。

西：为什么你的回答是我应该去问她，她是否开悟了?

阿：因为我并不真正喜欢去谈论别人的开悟或者尚未开悟的状态。这样看起来是可笑的，而同时，它与我也没有什么特别的关系。

西：这个对我来说，听起来很好笑。

阿：它是。我知道。回头看，对我来说，这听起来也是可笑的。如果以我现在所在的地方而去寻找一个老师，那只会是一件极其不相干的事。我不是说，它不曾出现在我的头脑里，但是我过去的兴趣就只是在乎：这个人可以在我的道路上陪伴我帮助我吗？她走得足够长远吗？那确实是我当时所有的兴趣所在。而我可以看到的是，她非常明显地可以在这条路上帮助我。她绝对是比当时的我走得要远出一大截。

西：而她现在给磁带贴标签？

阿：是的。她叫我去教学大约一年以后，她停止教学了，在她的眼睛后面发现了一个像高尔夫球那么大的一个肿瘤。在切除肿瘤的手术中——你知道的，那是风险非常高的手术——她有一阵子失去了身体一侧的功能，而这也给她的记忆以及一些认知功能带来混乱。那确实花了她一阵子时间才让她真正地从中恢复过来——到她再次可以开车以及四处走动。而她还是有些记忆的问题。但是，我总是告诉她，她的记忆和我的差不多，所以，也没有什么可抱怨的。她在这个康复的过程中大约有8年的时间，而它对我来说是一个真正的教导——看着她丢掉教师的角色，在她看到是时候，这样做的时候。它是有关谦卑的一个真正的教导。这里有某人当了30年的老师——当然只是在一个小范围内，但是还是知道那个角色，而现在她来办公室给磁带贴标签，因为她还想要护持正法。这是多么不可思议的一个例子啊，真正要做的是不要被一个角色所俘获，或者说不要被别人如何想你看你所俘获。不要去依赖于那个而活，而是实际上与那个正在发生的去相遇。直到今天她还在教导我。她通过给我看某些事情来教导我，这些事情我发现只有极少人可以做得到。她就是能够实际地丢掉她的角色，去做下一件被召唤去做的事情，无论它是已知还是未知，隐藏的还是明显的。它对我来说是一个真正的教导。

西：回到阿迪亚20岁出头的时候。你在一个自行车商店工作。你在静心。你去做一些闭关。

阿：我在后院建了一个小小的禅堂，无论在什么地方，我每天打坐静心二到四个小时，经常上百本地买书，做很多的写作，很多的笔记。我从每一个看起来有道理的角度进入到灵性的东西里面。当我在20岁出头的时候，那时候的环境和现在的不同。我那时候没有什么同道。没有任何跟我相同年纪的朋友投入到这个玩意儿里面。我甚至很少跟任何人谈论起它。大部分在修行的人都比我要大得多，所以，对我来说，它是一件孤独的事情。

西：而在某个点上是不是有一种转变？

阿：第一个转变来到是在我25岁的时候。在我的修行当中，我一直就是以一种非常争强好胜的、阳刚的方式来推动——带着巨大的努力和很大的决心，推着自己去强攻那个开悟的门，因为它是我习惯的方式。我是作为一个运动员以及一个自行车赛手长大的。而我有读写障碍。我学会了通过比别人更努力地工作而得到我需要和我想要的。而这个也使我认为灵修就该是这样下工夫的。而禅修几乎在这方面也培养了我。你知道，我每天都在进行过度的静心。禅宗好像是无意识地在鼓励那个。而大概有六到八个月的时间里，我会走路到帕洛阿尔托去工作。我会推动我自己，不停地问："这是什么？这是什么？这是什么？什么是真的？"我确实以为我将会随时疯掉，因为我认为一个人是无法维持这种内在的强度那么长时间的。我预计有一天我会玩完，以进精神病房而告终，我实际是在推着我自己进入到心理的边缘，或者说我被推着。

有一天，我在房间里坐着，而那个强烈的深井出来了，我想，我要去找出什么是真的，我现在就要找出来。所以，我走到后院，我坐下来静心，而我付出无法想象的努力来让我的头脑静下来，突破一些障碍。我甚至都不知道它是什么。就在一分钟之内，它像是我要把我过去五年来的努力都塞进这一分钟之内。突然间，我就是意识到，我做不了这个。我做不了这个。而当我说“我做不了这个”时，我可以感觉到一切都在同一时间里放松了。而且，当一切都放松的那一刻，有一种——这是我唯一可以形容的方法——向内的爆炸。就像是有人把我插进了墙上的插座。有一种巨大的内在爆炸，而我开始心跳困难，呼吸变得急促，我想我要死了，因为我的心跳比我一生中任何时候都要快。作为一个运动员，我非常熟悉我最快的心率感觉如何。而这是一种超越它的方式。我确实在想，我的心脏要爆掉了。有些时刻，有些想法冒出来说，无论这个能量是什么，它将要杀了我。我想它是不可能维持太久的。而接下来我的一个想法是，如果这就是找出什么是真理的代价的话，好，我现在就愿意去死。这并不是什么勇气或是有男子汉气概的事情，它只是一个事实。它就是：我愿意去死。就是那样。而一旦我对自己说出那句话，并且是说话算数的，那个能量就消失了。突然间，我出离了空间……我就变成了空间。所有的一切就是空间，无限的空间。在那个空间里，我感觉到像是有东西在下载洞见一样，但是，它们发生得太快了，我甚至来不及知道它们到底是什么。它就像是每秒钟有几百个洞见。就像是下载一个电脑的程序到我的电脑系统里面。我感觉像是有些东西以如此快的速度下载到我里面，而我无法理解任何一个片断，但是，我可以感觉到那些洞见不断地蹦出来。所以，我坐在那里，成为那个空间，且让这些洞见下载到我的系统里面，而这发生了一阵子，我不知道有多久，只是一阵子。而后，它停止了，回到了某个点上，很明显像是我应该从我的坐垫上起身了，我起身，如我往常所做的那样，看着我的那个小圣坛上的佛像，对着它鞠躬。就在我鞠躬的时候，我突然间爆笑起来。那是我有过的最热闹的一次大笑。我想到的最可笑的事情是，“你这小狗娘养的”，我指着佛像，“我追逐你有五年之久了”。而在那个片刻，我知道我所追逐的是什么了。我知道了。我简直不能相信。它就像是，哇，我在追逐我已经是的。所以，我大笑着走了出去。那是第一次的觉醒。

可笑的是，在我走出去的那个时候，这个小小的声音——从那次开始我已经变得对它很习惯了——它就在这个开心、极乐与释放的巨大启示中间跳出来对我说，“这个不是它，请继续前进。”而我想，该死的，我就不能呆在这里吗？哪怕就一会儿？但是，那个小的声音还在说：“这不是它，继续前进。”而我知道它是真的。某种程度上我知道，这个声音并不是在对现在发生的事情打折扣。这个声音不是在说：“这个没有价值，这不是真的，这没用。”这个声音是在说：“有比这个更多的。你还没有看到完整的东西。你已经看到一个非常重要的部分，但是继续前进。不要停在这里。”

但是从那一刻开始，一切都改变了。从那一刻开始，我的灵性求道者的能量——那个拼命的驱动力——消失了，而从此再也没有回来过。像我过去那样为了获得某样东西，努力想成为我已经是的那一个而殚精竭虑地下工夫，这没有道理。

西：你会怎样叫这个体验？当你年轻的时候，你有过“预尝”，这是一个什么？

阿：我会叫它是一个觉醒。

西：好。

阿迪亚：那时候我还不理解我已经觉醒到什么了。我所意识到的是，我就是我所追寻的那一个。我知道：我就是我所追寻的。我是这个真理。而后，马上就有下一个问题升起：这是什么。我是它。我知道我是它。但是我不知道它是什么。那是我不知道的部分。有一个觉醒，但是它还不完整。它是图画的一部分，也许是这个图画的一个大的部分，但是，下一个问题几乎马上就升起了：这是什么？而这也变成了我的下一个问题。

我还是继续做很多的静心。从外面来看，我还是每天做着我以前做的一切，因为我知道还有更多的东西，而静心是我探索的方式。但是，从那一点开始，大多数灵性的发生都没有真正地发生在坐垫上。在接下来的五六年中，大多数的灵性事件都发生在我的日常生活中。我过去是个运动员，而我有很多的身份被包裹在这个做运动员的状态里面了。所以，即便是在那个觉醒之后，即便是在那个时候我已经不再参加自行车赛了，我还是在骑车和训练，就像我是一个自行车赛手一样。而我开始质疑，我为什么要这样做？为什么我明明不是运动员了，却要像一个世界杯赛手一样训练呢？我开始看到它只是一个自我形象的残余。你可以说，它是你能有的一个很好的自我形象，不只是身体上很健康，也是一种很高才能的代表。

西：你很酷。

阿：是啊，你很酷。你有那种身体上的专横。虽然我在日常生活中没有对着人们举止专横，但是在运动方面，我是有一定的专横的。即便我开始意识到我只是想让旧有的自我形象永存，但由于某些原因，我也没法中止那个转变的发生。

然后，当我大约26岁的时候，我得了一种没有人能诊断出来的疾病。它把我放倒在床上大约6个月。我还是可以有些功能，但许多功能都运转不灵。就是病了，生病。一个接一个地，6个月没让我起身。6个月结束，当然，就没有太多运动员的人格剩下来了。而当那个运动员的身份被从我的系统中拿出时，那感觉很美妙，因为，当你是只病猫的时候，是很难具有一个掌控型的运动员人格的。而我意识到，这感觉很棒。去除掉那个人格的感觉如此之好。它让我感觉非常解脱。

我希望我能够说那是故事的结尾。但是，一年以后，当我发现我自己再度健康，有一天早上我醒来就开始了训练，我甚至都没有意识到。我就是开始再次做这整件事情了。我一直没有意识到我在做什么，直到我做得很好了，而后我想，我又再做了。我知道它是关于什么的，它是关于这个自我形象的，这个人格。而当我认识到我在做什么的时候，我应该是已经想要放下它了，但是，我还没有准备好。所以，我又得了另一次6个月的病，而这一次更糟糕。我得了鼻窦炎、肺部感染、单核细胞增多症。而这在相当大的程度上是针对那个自我形象的。一旦那个人格被疾病去除之后，要重建它的欲望真的就再也回不来了。对我来说，这是一个灵性的开展。它不是通过静心而去除你的自我形象……它是挫折磨炼。它是一种可以掌控的智慧，把我们放进任何我们需要去穿越并放下的事情当中去。

在那段时间，我也经过了一段我称之为完全荒谬的关系当中，它是非常不健康的。那个关系把我未解决的阴暗面拉了出来。你爱上的是你所有的缺点，而它引出你里面最糟糕的部分。在我的例子里，这个关系引发出了不同的角色，像是助人者，当然，那完全是个灾难。幸运的是，它过一阵子就结束了，但是它和这疾病相似——它把所有的这些形象都拧出来，所有的这些我过去习惯了的人格——一个善人，一个好人，助人者，所有的这些玩意。它撕开了我的整个系统，让我看到它们是假的、伪装的，而我要戴着它们的唯一原因是，我害怕我没有戴着它们的样子。如果没有它们，我会是谁呢?

在这些疾病和这个关系之间，我真的被撕裂了。那个虚假从我里面一点点被掀出来。而这个部分做完的时候，我真的感到相当自由。它是非常美妙的。我回到那个空性之中，并且意识到如何以一种简单的、人性的方式成为那个空间。我就是站在人行道的中间，却没有感觉到自己必须要做任何人或者以任何人的样子出现。那个想要以任何特定的方式被人看到的欲望，也从我的系统里被掀出来。掀出那些来是不容易的，它也不好玩，但是那个最终的结果是简单又美妙的。回头看，那使得我一步步地走向我所说的“最终的觉醒”。那个觉醒，我非常清楚它是站在这些掀出来的体验的脚跟上。实际上，它是几个月以后到来的，在安妮和我结婚以后。

我那时候33岁，刚刚结婚，而我也有了一份真正的工作。我开始在我父亲的生意中当学徒，而这样我开始有了一个真正的职业。我也正从这个惯性中出来——我的生活一直专注在灵性的一种内在形式上，在到这点之前，它一直是我的焦点。然后，到大约33岁的时候，我意识到这个过程本身可能并不完整，我最好是搞好我的生活。所以，我以结婚和有一份真正的工作来了结。

在我看来，这份投身到生活中的意愿是我个人灵性进步很重要的一部分。在安妮和我结婚的一两个月之后，在圣派崔克日（St. Patrick's Day），这个有点好笑，因为安妮来自一个爱尔兰家庭，有纯正的爱尔兰血统——那是第二次觉醒发生的时候。

西：你有没有感觉到，这个婚姻为这个第二次的觉醒创造出了必要的稳定性？

阿：真知灼见。是的，我不确定是否是那样的，但是，从那以后，我已经想到在这一切当中有一个缺失的元素，就是那种稳定性。现在，我有一个职业，我有足够的钱去生活，我又与一个美妙的人结婚了。在这一点上，有一个至关重要的洞见出现在我面前。当我遇上安妮，我们结婚了，我知道，它比我所想象的一个关系所能有的可能性还要多。我从来也没能梦想过有着如此品质的关系。那就是它的样子，就是这样。而这个认识扮演了一个非常重要的角色，因为有一天早晨我醒过来，我对我自己说："这份关系比我所能够梦想到的可能更好，但它依然无法满足我。"不是说这份关系需要更多的什么，因为它不需要任何不同的东西。尽管这份关系完全令人满意，我想："这个还是没有让我圆满，这个还是没有把我带到那个我总是被拖入内在的地方。"领悟到这一点是一种震惊。你可以在生活中很幸福，做你自己，没有真正的痛苦驱使你，而你还认识到哪怕是所有的这一切还是不够的。它甚至都没有触碰到内在的地方。所以，我在我的生活中有了一份稳定，而我认为它允许一份真正的自发的放下发生。因为，在人的感觉里，总得有一些什么要放下后再进入。

西：你可以形容一下发生了什么吗？

阿：它非常简单，它实际上是在自己开始前就开始了。头一天晚上，就在我准备睡觉之前，我坐在床沿上，并且有了这个想法。它不是一个大的想法，也不是什么大的洞见。它是最简单的事情，而且，它完全和我当下所想的事情无关。但是这个想法跑到我的头脑里说：“我准备好了。”我留意到了它，确切地说，在五秒钟之内我留意到了它。而我睡觉了，但是那个“我准备好了”的感觉如此平白而简单。它不是我的头脑或是我的小我在说：“我准备好，准备好要砸门了！”它就是一个纯真的、简单的片刻，像一个礼物。只是一个想法：“我准备好了。”而我对它什么也没想。除了我留意到它的发生之外，它没有聚集任何的注意力。所以，我睡觉了。

第二天，我早早地起来了，因为我想去看我的老师，而通常在我去看她之前，我会早起，做一点静心。我并没有在想什么特别的事情，我只是坐下来，30秒钟之内，我听到一声鸟叫。只是一声鸟鸣。有一个我从来没有听过的问题，我也从来不在我的修炼当中提这个问题，它与其说是从我的脑袋里出来，不如说是从我的腹部出来。一个问题自发地升起，而它说：“谁听到这个声音？”当这个问题一发出，一切乾坤就颠倒了，或者说导正了。而在那个片刻，那只鸟儿、那个声音以及那个听见都是一个东西。确切地说，它们被确实地体验到是同一个……那个听见不再比那个声音、那只鸟儿以及任何东西更是我。它是非常快的、非常突然的，它就只是一。

然后，接下来被留意到的事情就是一些思想。它是如此的遥远，我甚至都不知道这些思想是关于什么的。但是，有思想在，而后有一个认出，就是说那不是我，那是思想。而这个“那一个”醒过来了，这个“那一个”是清醒的，它与那个思想什么的没有关系。它只是一个发生。这二者是完全分离的。在那个思想里只有零身份。而这样过了几分钟，我起身。我实实在在地在我的脑袋里有了这个想法5年之久。这令我非常好奇。我想，我在惊奇我是不是炉子。我小跑到起居室和厨房，而且足够确信，这个是炉子。我又跑到洗手间，并且看着马桶，因为我要试着找一些真的不是灵性的东西，我想，我该死了，这个是马桶。当我打开卧室的门朝里看，看着我的妻子安妮，她正在睡觉，而我走进去：是她。这个是她，我绕着我们小小的住了6年半之久的450平方英尺的房舍走着，我看着这个房舍，而一切都是这个，一切都是同样的。我就是站在房子里，有趣的是，没有什么情绪。没有惊叹或是发出“我的天呐”这样的声音。那是完全的缺席。我所看到的一切都是完全清晰的，并且没有被任何体验的状态所误导，因为那里没有任何的状态发生。然后，我在起居室里走了几步，因为那个起居室就只有几步那么长。就在那几步当中，意识完全醒过来了。这是非常难以形容的事情，但是，它是完完全全地与身体分离的。在那个点上，当我看到形象的牵绊时，我立即就领悟到，那一个觉醒了的立即领悟到已经让我掉入到那些形象的陷阱里了，那就是我们所谓的投胎转世。我曾经以为那些是我。我在那些形象中昏睡，而它是如此的清晰，这并不是那些形象。我不再陷入其中了，也不再被任何色身所束缚，包括眼下的这个色身。而我可以看到眼下的这个色身不再重要，它不会比50世之前的那个色身更真实。而它在这里了，这个醒觉，完全只是它自身。没有形体，没有形状，没有颜色，没有任何东西。无所在又无所不在。而在那个片刻，有了一个领悟就是，是这个醒觉也是万物，这个醒觉同样也超越了万物。如果这个东西——所有的形体以及我所见的一切——消失了，如果它全部消失了，也不会有任何减少，哪怕一丁点，它都不会减少。而那在很大程度上就是觉醒了。

伴随着这个而来的，身体在觉醒或精神的发生时，还有一种比身体更大，或超出身体的感觉。与其说是我在身体里面，不如说是身体在那个觉醒或是精神里面。而后，在那个中间，这个醒觉或是意识也回到身体中来了。它还在外面，但是，现在它同时在外面也在里面。它不是只呆在外面，它再次占据（身体），但是，这一次它占据时我不再迷惑，不再带着任何的认同。它就像是你在早晨穿上衣服，你只是穿上衣服，你不会认为你就是你的衣服，它们只是你穿着的一些东西。而它就是如此清楚，这个色身，这个特定的人格，这个正式被人认作史蒂芬·加里的家伙，他穿着的衣服。这是他眼下的投胎，这个东西他将要穿着并通过它有些功能。而且，很美好的事情是随之而来的喜悦。随着这个穿衣而来的喜悦，随着这个投胎、这个人格，有着一份如此深的亲密感和如此纯粹的像孩子般的喜悦。这几乎就像是一个年轻的姑娘穿上了灰姑娘的裙子，看着镜子感觉到："哇，这真是太棒了！"而就有一种这样的对于色身的不可思议的感觉。

最后我做的一件事是，我走了另外一步，而它就像是我整个生命中所走的第一步一样。它感觉就像是我才从子宫里出来。它感觉就像是一个婴儿有生以来第一次将他的脚踩在大地上。而我确实向下看着我的脚，并且绕着圈地走，因为它就像是一个奇迹——脚踩在地上的感觉和走路的感觉，那个感觉就像是我把双脚踩在地上是一个奇迹，一个绝对的奇迹。每一步都是第一步。一切都是新的，而一切都有这种亲密的、惊奇的以及感激的感觉。

所以，对我来说，所有的这些事情都很快就一桩接一桩地发生了。从色身中觉醒，占据色身以及与色身合一，还有感激欣赏和意识到我不是色身。这就像是一切都是好的。我不一定要外在于身体；我不一定要超越任何东西，因为一切都是这个。在那个时候，我就是领悟到，这是一个奇迹：这个生命，这个身体。这就是天堂，如它所是一样的糟乱，如它所是的傻乎乎，如它所是的精彩与可怕。你知道，这就是伟大的笑话。在神的手掌里走着去找寻神。

那就是它。它实际上是非常简单的，非常非常简单。而从这中间出来的还有一个对平凡的享受。不再需要有一个非凡的事情发生，不需要非凡的体验发生，就只是享受平凡。我可以谈论着所谓的真理或灵性的玩意儿，或者，我可以与某人谈论着足球或是日用杂货……突然间，它再也不重要了。而直到今天，我还是经常告诉人们——他们通常不相信我，但是，我说：“对我来说，做萨尚与谈论任何的事情是差不多同等的。”平凡就完全可以令人满足。当然，看到某人觉醒或是看到他或她有一点转化是非常令人满意的。那就像是一种华彩高潮，但还是有一种对平凡的爱存在，对我而言，那是最美丽的事情之一——我的人生中再也不需要发生什么非凡的事情了。存在就是一种奇迹。

西：阿迪亚，你称这个为“最终的觉醒”，但是，如果在后面的几十年里你有了额外的觉醒，并且揭示出实现的一个更深刻的维度，那会怎样？你有没有想过这个可能？

阿：我很高兴你把那一点提出来。我称它为最终的是为了一个特定的原因。当我说“最终”，我不一定在说另外一个觉醒就不可能发生，当然它可能。谁知道呢？对不？我们不知道，毕竟这是无限的，但是，当我在说这个觉醒是最终的时候，我的意思是什么呢，我意识到我所是的那个已经完全被清理掉了。它是不带着任何情绪的、在一种完全纯粹的状态下被意识到的。没有能量给它了，也没有兴奋。而当我说最终时，我是指我看得非常清楚。再也没有任何东西是要被寻求的了，在灵性上，再也没有留下一个问题要回答了。所以，我称其为最终，因为它就像是划了一条界线，在那里某种特定的生活和特定的旅程将我带到那个点上，而一旦我跨过了那个地方，它就完全不像是它先前的样子了。我曾经投身其中的旅程非常明显也非常干净地结束了。它完成了，而它再也不会回来了。对我而言，那就是我说最终的意思。那个意味着再也没有别的什么可看吗？永远都有别的东西可看。

西：你说在你25岁的第一次觉醒中，你意识到自己所追寻的就是自己本身，但是，你还是有一个问题："这是什么？"

阿：这是什么？对。

西：你在你的最终的觉醒里发现了什么？

阿：那是个好问题（笑）。我要尽我最大的努力，但是它是一个不可能回答的问题。

西：是说，你现在不再问这个问题了。

阿：是的，可笑的事情是，对这个问题的回答就是，这个问题消失了。这就是对这个问题的回答。这并不是说你得到了一个好的答案，你可以把它揣进你的口袋里。

西：你不能说是爱和智慧，或者像那样的东西吗？

阿：不，不能。它是先于爱与智慧的道。它是爱和智慧的出处。它是一个矛盾，但是，我们越是了解我们自己，我们越是了解我们是什么，我们越是了解我们的真实本性，就越是知道它是绝不可能被了解的。所以，你和我，我们是那个未知，而由于那个未知是未知，它不可能被知道，而这并不是因为什么匮乏，这是因为那个未知，它的定义本身就是未知。所以，在佛教里面，他们也许称之为空性，或是真空，或者空。在犹太教的某些派别里，哪怕是以任何的形式提到神这个词，都被传统视为异端邪说。而我想，这样的训诫来自于对这个矛盾的体验——你知道你是什么，你也知道你是一个奥秘。

你看，我们无法称它为任何东西。我们无法对一个纯粹的潜能说些什么。没有东西要被知道。我们所能够知道的只是当那个潜能显化并成为某物。但是在此之前，它只是纯粹的潜能。它是纯粹的空性、纯粹的智慧或是任何你想要称呼的东西。对我而言，那是一个矛盾——我已经了悟了我是什么，但是，现在我所了悟的我是永远不可能被知道的，因为那是它的天性。如此，可笑的事情就是，你几乎是在自己开始的地方结束。你从不知道你是谁或是不知道什么是终极的实相开始。区别在于，你以领悟到你是那个你不可能知道的而结束。因此，那个奥秘变成有意识的，它醒觉于它自身。它知道它自己，它是“我是”，正如《圣经》里所说的一样。但是你是否也留意到一个定义，它只是“我是”。这就是那个奥秘所宣称的自己。就是这样。

西：我听到的关于你的一个有趣的故事是说，你第二次觉醒三个月了，你还没有告诉过你的禅修老师。对我来说，这好像很奇怪。

阿：我这样做只是因为那样做没有什么必要。我拥有如此大的一种圆满感。一方面的感觉是，这是如此非凡。它不像是有些事情需要我跑出去告诉某某人。我没有感觉到我需要去确认它。

我不需要它被人听到。我不需要某人去理解。它是对所有那些心理需求的丢弃。我后来反思了大约三个月以后才告诉我的老师的唯一原因，我想是，这就是她15年来一直对我讲的，以及这就是为什么她如此用心和慈悲地把我放进我的过程里。我想，让她知道也许是很美好的。那就是我要告诉她的动力来源。那里完全没有对任何东西的需求，这也是其中真正的标志之一。你没有感觉到你需要告诉某人或者需要人家拍拍你的后背。

西：你在某个点上提到你在自己的人生中读过很多的书。有没有哪些书对你真正造成冲击的?

阿：有！第一本书你是猜不到的，它现在不再是我感兴趣的书了。但是，在当时，它是非常有冲击力的。当我24岁的时候，我读到这本书，也就是在我第一次觉醒之前。它是特蕾莎修女的一本自传。

西：有意思。

阿：是啊！因为那会儿我是个佛教徒，因为佛教是非常不信神。但是，我发现我自己无可避免地被拽进基督教的神秘主义中，而我读的第一本书就是她的自传。我去到一家书店，打开那本书，就在头两页中，我从头到脚地，完全被爱袭击了。我实实在在地是爱上了这位自己从未谋面的圣人，尽管我无法理解它。但是，那是一件非常非常强大的事情。我如饥似渴地读完她的自传，而后我又读了有关她和她的一生的五六或者七八本书……而与此同时的两年左右的时间里，我又读了很多很多有关基督神秘主义的书。但是那本书打开了那道门，而只有在回首往事时我才意识到，它是关于什么的，以及我对整个基督神秘主义的探索对我来说意味着什么。那就是，它帮助我打开了我的心。我的禅修并没有真正让我做到这一点，我需要某些东西来帮助我非常非常深地从情感上敞开，而禅宗在这一点上是有些枯燥的。很自然的，我找到了我所需要的，而那本书做到了。它真的是让我在情感上宽阔地敞开了。它是在完美的时间里的完美的事情。所以，对我来说，那真是一本重要的书。

另外一本对我来说很突出的书是尼萨伽达塔·马哈拉吉的《我是那一个》（I Am That）。在我33岁觉醒之前，我读过一点点，但是，这真的不是那么重要。在觉醒之后，我读《我是那一个》，而它是我从来没有发现过的对我的体验的最清晰的表达。就仿佛有人将我的体验直接变成话语似的。它就是在那本书里反映出来的。它就像是在镜子里照见我自己一样。所以，那真的是一本非常重要的书，不是太多地表现在我的追寻里，而是表现在我的反映里。

这个有点离题，但是，它确实与阅读有些关系。尽管在我的教导中我谈论过很多——就像许多灵性老师所做的一样——关于你无法通过你的头脑来理解觉醒，到了某个点上，你必须要超越书本以及阅读，但同时，当我回头看我的体验时，我看到尽管我从来没有在哪本书里找到过对真理的实现——因为你不可能找到，但是，阅读对我来说，还是扮演了一个很重要的角色。它是双刃的。有些时候我是被阻碍了——被一些概念和理念以及对概念的比较阻碍了，但是，阅读同样在我的旅程中是很重要的一部分。我运用书本来帮助我冲刷掉自己头脑里的某些东西。从这个角度来看，我认为灵性的智识部分有时候也是被低估了的，它经常由于好的理由而被轻视。虽然你无法从书本中找到真理，但是，书本有时候也是我们联结我们脑袋以及心灵中一些点的方法。有些时候，书本真的可以以一些非常重要的方式来将我们打开。因此，我认为智识——只要它不是为了炫耀或者它不是为了获得智识而获得智识——实际上是可以在灵性的觉醒中扮演一个很重要的角色的。如果你在合适的时机碰到了合适的书，那它是可以闪现出认知的火花的。那同样也是老师们所做的很大的一部分工作。我们坐在一个房间里讲话，对吗？而它是智识上的内容，但我们试图在做的是，要点亮听众内心深处的智慧之火。而一本书所能够做的，正如一个老师所做的一样。你可以读了某一段落，而它点亮了某些东西。不是一些来自你头脑的东西，而是来自你洞见层面的东西。你领悟到它是在你的洞见的层面，因为你整个的身体都会因你有了那个洞见而歌唱。你的整个感官都会参与其中。从这个感觉上来看，如果话语可以点亮我们内在的生机，那么它们真的是非常有用的。我们内在会有一部分说："噢，我知道那个。我只是不知道我早就知道那个。"话语可以把一些无意识的东西带出来成为意识。

西：你认为通过阅读有没有一种传导发生呢？

阿：绝对的。我们所做的每一件事情都带着我们是谁的那个临在的传导，而我们不一定非要与某人保持身体层面的联结。事情本身会携带着那些与此相关的人们的信息。一本书携带着它的作者的意识或是临在的一种信息传导。当你是非常敏感的，这个过程实际上是相当有意思的。当你变得敏感，你可以在任何一本书里感觉到作者的临在。从灵性书籍，非灵性的报纸文章以及任何东西中你都可以开始感觉到作者的意识状态，以及灵性状态，当然，它可以是非常有力量的。话语和书籍可以携带着那个传导。那就是为什么我认为像《我是那一个》这样的书是如此的有力量。它不只是那个话语，它是那个说出这些话语的存在。那也是为什么人们被它所深深吸引的原因。在那本书里所说的一切话语都曾经被说过，所以，很清楚，重要的不是那些话语，而是谁说出了那些话语。

西：当人们在你的临在中，或是当他们在读你其中的某一本书时，他们感觉到自己发生了一种传导，你认为到底发生了什么？

阿：那是一个相遇，那是真正的传导。空性遇见了空性。

西：这必定会给那个学生带来转化吗？

阿：要我怎么说呢？让我们这样说吧，它是教学的一个最有力量的元素。我对于那样说有些迟疑，因为一旦我那样说，人们就会感觉老师将为他们做些什么。那是不真实的。老师可以点燃一把火，但是，老师是不会替你完成你该走的过程的。传导是最有力量的，对于那些感觉到与其产生共鸣的人们来说是如此。如果有一个共鸣，那么那个潜能就被点燃了。一旦潜能苏醒过来，你就需要为所发生的事负起责任来。不要就是坐在那里，等着老师或者老师们的传导会为你去做工作，因为那样的话，你们就会进入一种依赖的关系里面。而一旦你在心理上或者感情上进入了一种依赖关系，那么，传导的效用就会被大大地削弱。那就像是立即将其作用扼杀了一般。它就像是在火上浇水一样。我们需要对我们自己的转化负起责任，因为没有老师可以用任何的方式为我们做一切。我们必须要自己为自己去做。我们得去找寻我们自己。在某个人的临在中，也许会自发地点燃一把火，但是，你自己必须要去照看那把火。

译后记

翻译阿迪亚香提的这部作品，在我看来就像是一次心灵的洗礼，他的文字及他所描述的体验，对我而言，常常既是教导也是印证。在很多段落中，我常常不由自主地击节赞叹那些深刻的洞见，以及入木三分的说明，除非深入地体验了极高的意识状态，否则一个人是不可能说出这些的。同时，他的意识状态所带来的能量传导也是显而易见的。正如阿迪亚在书中所提到的那样，同样的话语因为说的人不同，而具有不同的穿透力。相信读者们都会感觉到文字背后的力量。

非常感谢华夏出版社给了我这次翻译的机会，让我遇见了这样一位心仪的老师及他的作品，也非常地感谢我的好友梦桐给我的爱与支持，感谢芳芳、倩倩、易茹、子恒等人对我工作的支持，感谢莹莹为我提供英文翻译的参考文献与帮助。目前我正在着手翻译阿迪亚的下一本新书，在不久的将来会与读者见面。

感谢大家！ 爱与祝福！

李思坤